NORBERT PAUTNER

창의력 UP!
손가락으로 즐기는
333가지 놀이

브레이니북

저자 Norbert Pautner

독일 출신의 작가이자 그래픽 디자이너입니다. 그의 저서 "333 Dinge Fingerstempeln"은 독창적인 그림과 놀이를 소개하며, 어린이들에게 그림 그리기 기술을 가르치기 위한 창의적인 방법을 제공합니다. 이 책은 동시에 부모와 아이가 함께 참여할 수 있는 프로젝트와 활동에 초점을 맞추고 있습니다. Pautner의 전문 분야는 종이 모형과 설계, 창조적인 아이디어 개발이며, 그의 작품은 다양한 출판물에서 볼 수 있습니다. 가르침과 학습에 창의적인 접근 방식을 사용하는 것이 그의 스타일로, 독특하고 독창적인 프로젝트를 통해 사람들에게 영감을 주려고 합니다.

창의력 UP! 손가락으로 즐기는 333가지 놀이

초판발행 2023년 7월 20일

지은이 Norbert Pautner / **펴낸이** 김경수
펴낸곳 브레이니북스 / **주소** 서울시 마포구 서교동 잔다리로 33 회산빌딩 3층 1호
전화 02-555-2458

책임편집 김경수 / **편집** 김현민
표지 디자인 금미향 / **내지 디자인** 금미향
영업 이옥환 / **영업기획** 도용화 / **출력·인쇄** 정우 P&P

문의 winad1@empas.com / rudalgus10@nate.com

ISBN 978-89-964512-0-4 (77600) **정가 14,000원**

ICH KANN 333 DINGE FINGERSTEMPELN by Norbert Pautner
© 2022 Bassermann Verlag, a division of Penguin Random House Verlagsgruppe GmbH, München
Korean Translation ⓒ 202X by Brainy Books, an imprint of INTO
All rights reserved.
The Korean language edition published by arrangement with Penguin Random House Verlagsgruppe GmbH through MOMO Agency, Seoul.

이 책의 한국어판 저작권은 모모 에이전시를 통해 Penguin Random House Verlagsgruppe GmbH 사와의 독점계약으로 '브레이니북스'에 있습니다.
저작권법에 의해 한국 내에서 보호를 받는 저작물이므로 무단전재와 무단복제를 금합니다.
잘못된 책은 구입하신 서점에서 교환해 드립니다.

차례

이 책의 학습 방법 4

동물 6
- 포유류 6
- 파충류와 곤충 27
- 조류 33
- 물속 동물 40
- 공룡 43

사람 46
- 직업 46
- 스포츠와 여가 활동 54
- 모험 56

동화 속 친구 64

차량 88

식물 112

다른 물건 120

찾아보기 126

손가락 도장 찍기: 이렇게 해요!

손가락으로 종이 위에 마법처럼 다양한 그림을 그릴 수 있어요. 손가락으로 도장을 찍은 후에 펜으로 몇 줄 그리기만 하면 멋진 그림이 완성돼요.

이 책에는 다양한 주제에 대한 상세한 가이드가 많이 수록되어 있어요. 333개 이상의 단계별 가이드가 준비되어 있고, 그림을 그리는 방법은 말로 설명하지 않고도 이해하기 쉽게 표현되어 있어요. 특정한 그림을 찾고 싶다면 126쪽부터의 찾아보기를 통해 빠르게 찾을 수 있어요.

제공되는 가이드는 단지 참고일 뿐이에요. 그림 그리는 데 정해진 규칙은 없어요. 예를 들어, 초록색 코끼리를 찍고 싶다면 당연히 그렇게 할 수 있어요. 또한 이 책을 훑어보는 동안, 손가락 도장 찍기에 대한 여러분만의 새로운 아이디어가 떠오를 수도 있어요.

단계별 가이드의 그림 설명

손가락이나 색을 바꿀 때마다 작은 그림이 다음 단계를 수행하는 방법을 보여줘요. 그러나 손가락이나 색이 똑같이 진행되면 그림이 생략돼요.

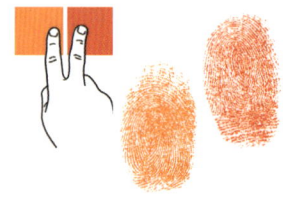
손가락 두 개를 동시에 사용해서 찍는 것이 더 쉬울 때도 있어요.

집게손가락으로 예쁜 타원형을 만들어 보세요.

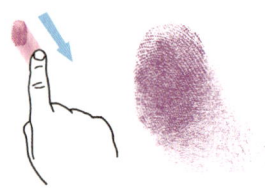
손가락을 **종이 위에서 움직이면**, 도장이 흐릿해져요.

엄지손가락으로 힘차고 큰 타원을 만들어 보세요.

종이를 사용하여 **도장을 반만** 찍어 보세요.

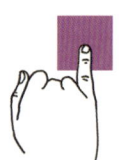
새끼손가락으로 둥근 점을 만들어 보세요.

펜으로 자세하게 표현해서 도장을 작은 그림으로 만들어 보세요.

손가락 끝으로 작은 점을 찍어 보세요.

좀 더 **굵은 선**이 필요할 때에는 **크레용**을 사용하는 것이 좋아요.

깔끔하게 도장 찍기를 할 수 있는 방법

 잉크를 너무 많이 사용하지 마세요. 선명한 지문 대신 큰 얼룩이 생길 수 있어요.

× 안되요   ○ 좋아요

 같은 손가락으로 연달아서 다른 색깔을 찍지 마세요.
색깔이 섞이면 지저분하게 변할 수 있어요.

× 안되요   ○ 좋아요

 도장이 마른 후에 그림을 그리세요. 그렇지 않으면 그림이 잘 안 그려지고 얼룩질 수 있어요.
× 안되요   ○ 좋아요

 각 도장 찍기 후에는 손가락을 물과 휴지로 깨끗하게 닦아주세요.
도장 잉크는 종에에만 사용하고, 입에 넣으면 안 돼요.

손가락 도장을 찍으려면 어떤 색상이 얼마나 필요할까요?

손가락 도장 찍기용 스탬프 패드는 소매점에서 구입할 수 있지만 직접 만들 수도 있습니다. 온라인 또는 전문 상점에서 스탬프 패드를 구입하려면 색상이 장난감으로 테스트되고 승인되었는지 확인하십시오. 스탬프 패드를 **장시간 사용하지 않으면 잉크가 말라** 버릴 수 있습니다. 그런 경우 **물 몇 방울을 떨어뜨리면 다시 사용**할 수 있습니다.

 또한 직접 스탬프 패드를 만들 수도 있습니다. 어린이용 핑거 페인트를 두꺼운 종이타월 위에 발라 사용할 수 있습니다. 또는 주방용 스펀지에 핑거 페인트를 발라 작은 스탬프 패드를 여러 개 만들 수도 있어요.
팔레트에 물감을 짜서 손가락 도장 찍기를 할 수도 있습니다. 그러나 이 경우 물감이 너무 습하거나 젖은 상태가 되지 않도록 주의해야 합니다. 그렇지 않으면 지문이 제대로 보이지 않을 수 있습니다.

이 책의 그림에는 다음과 같이 10가지 색상이 사용되었습니다.

말

당나귀

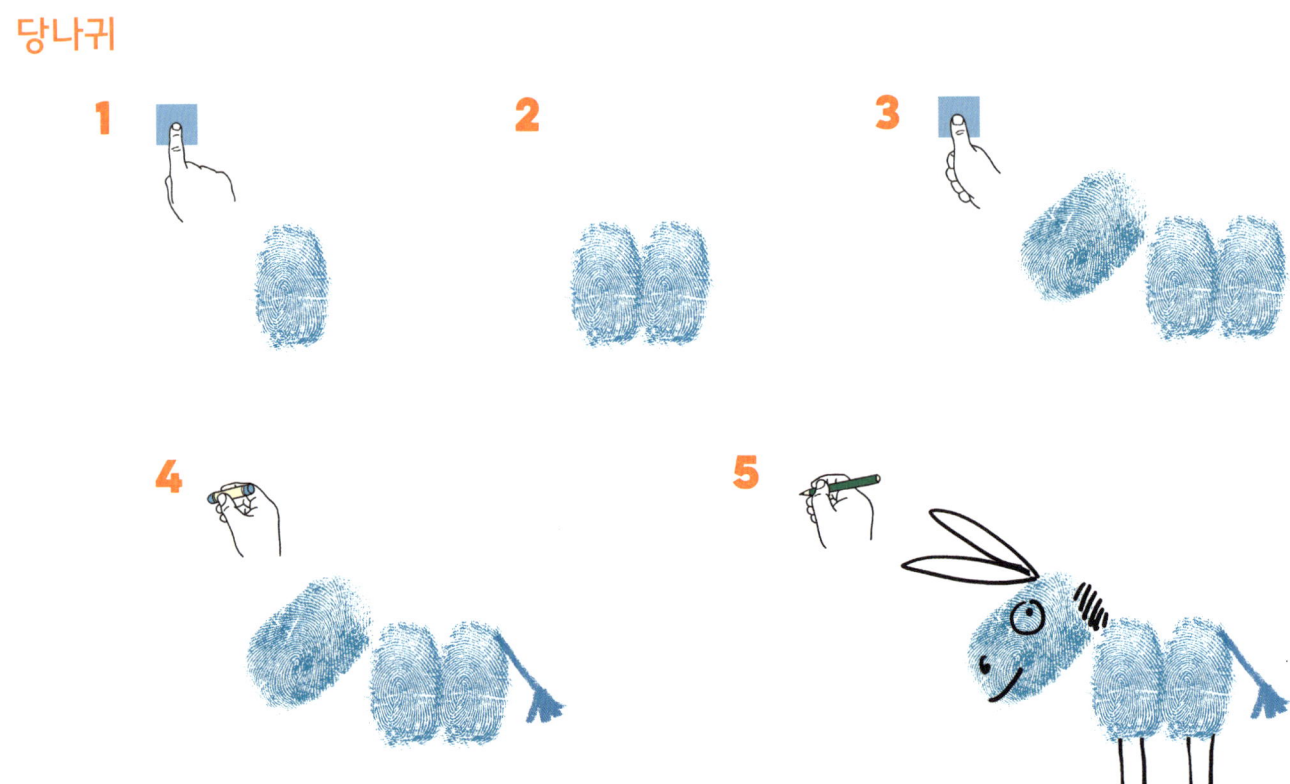

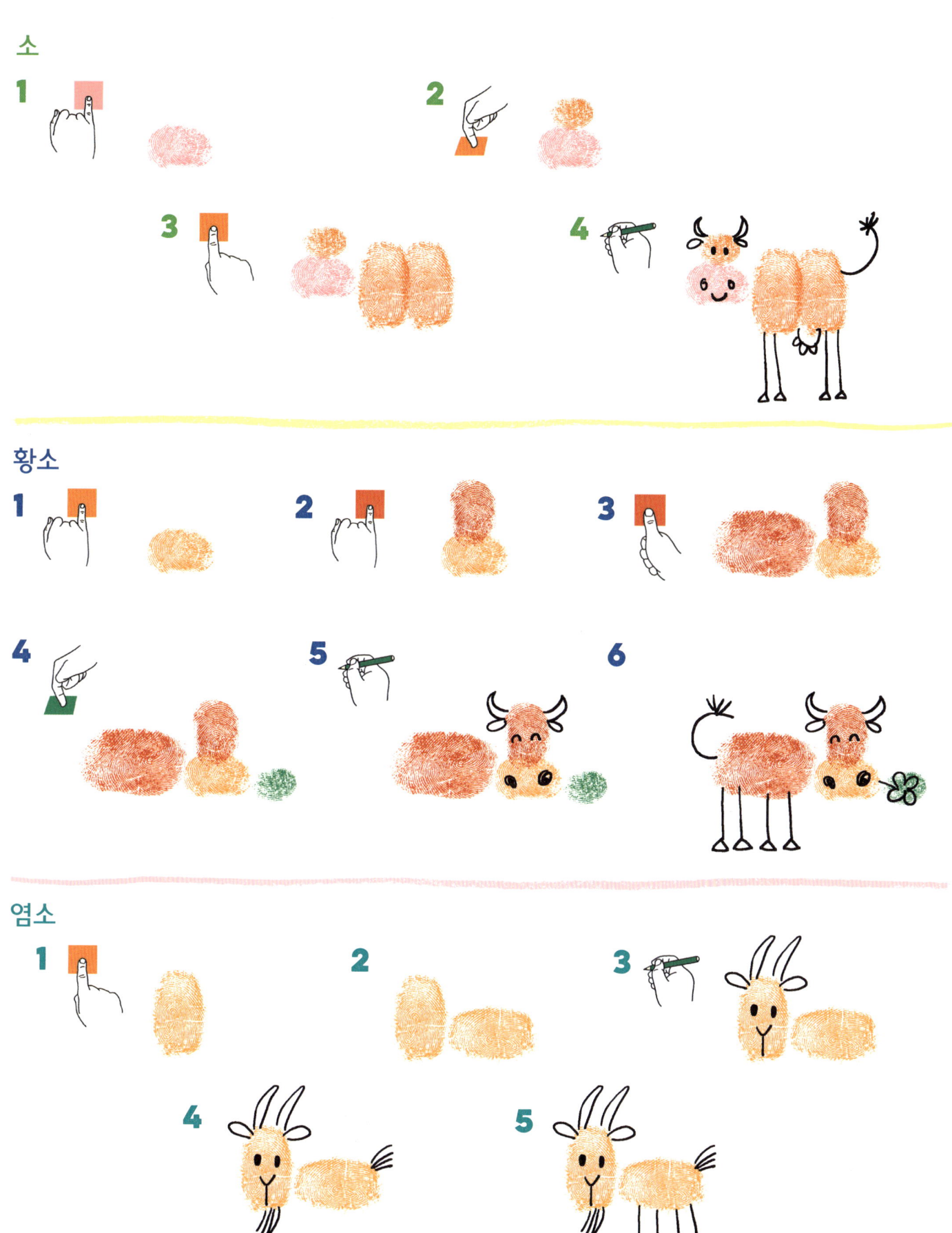

돼지

양

강아지-1

강아지-2(테리어)

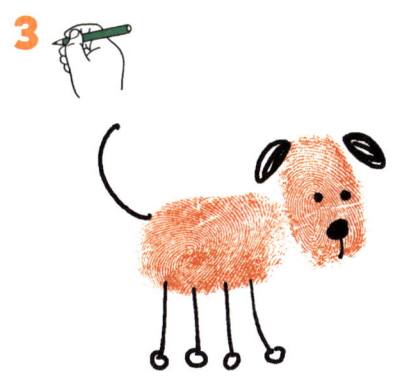

강아지-3(퍼그)

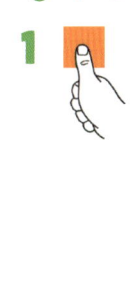

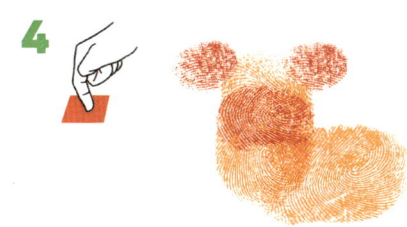

강아지-4 (푸들)

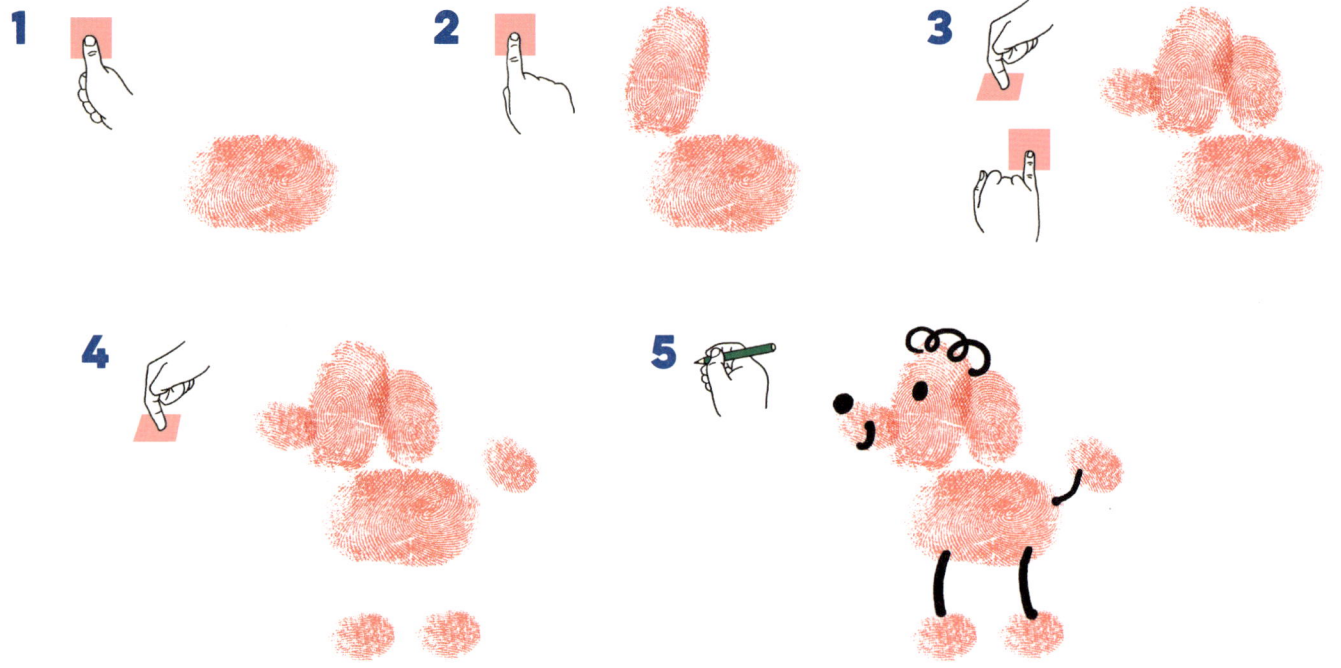

고양이-1

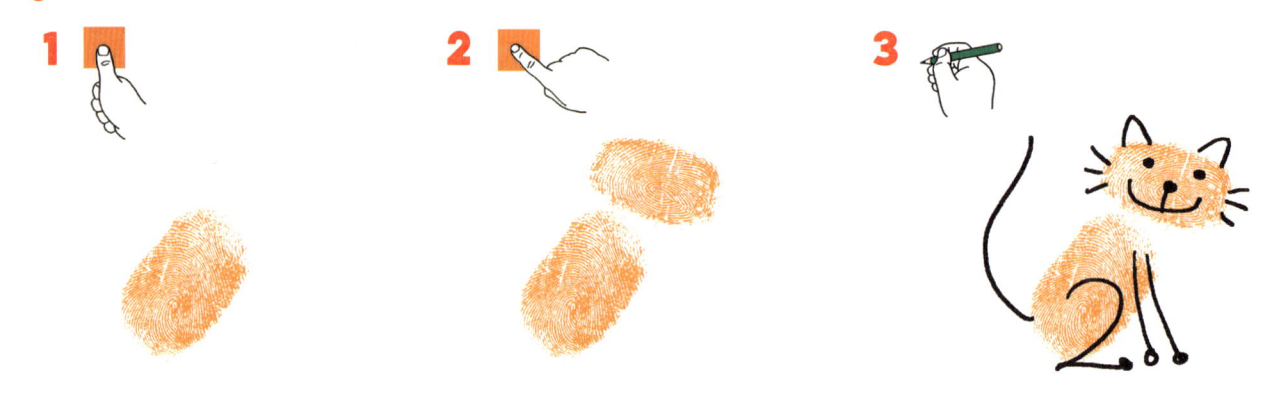

고양이-2

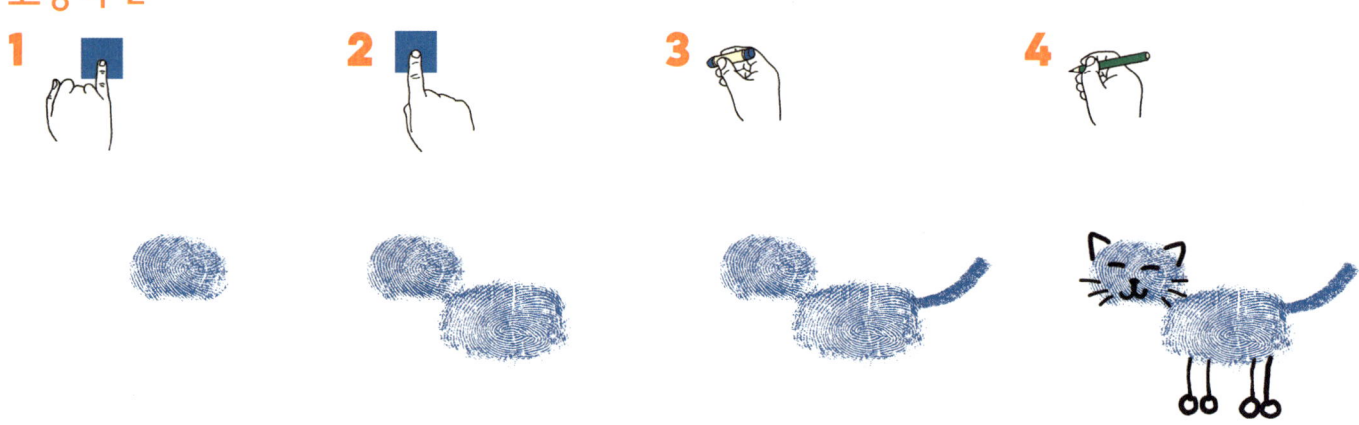

햄스터

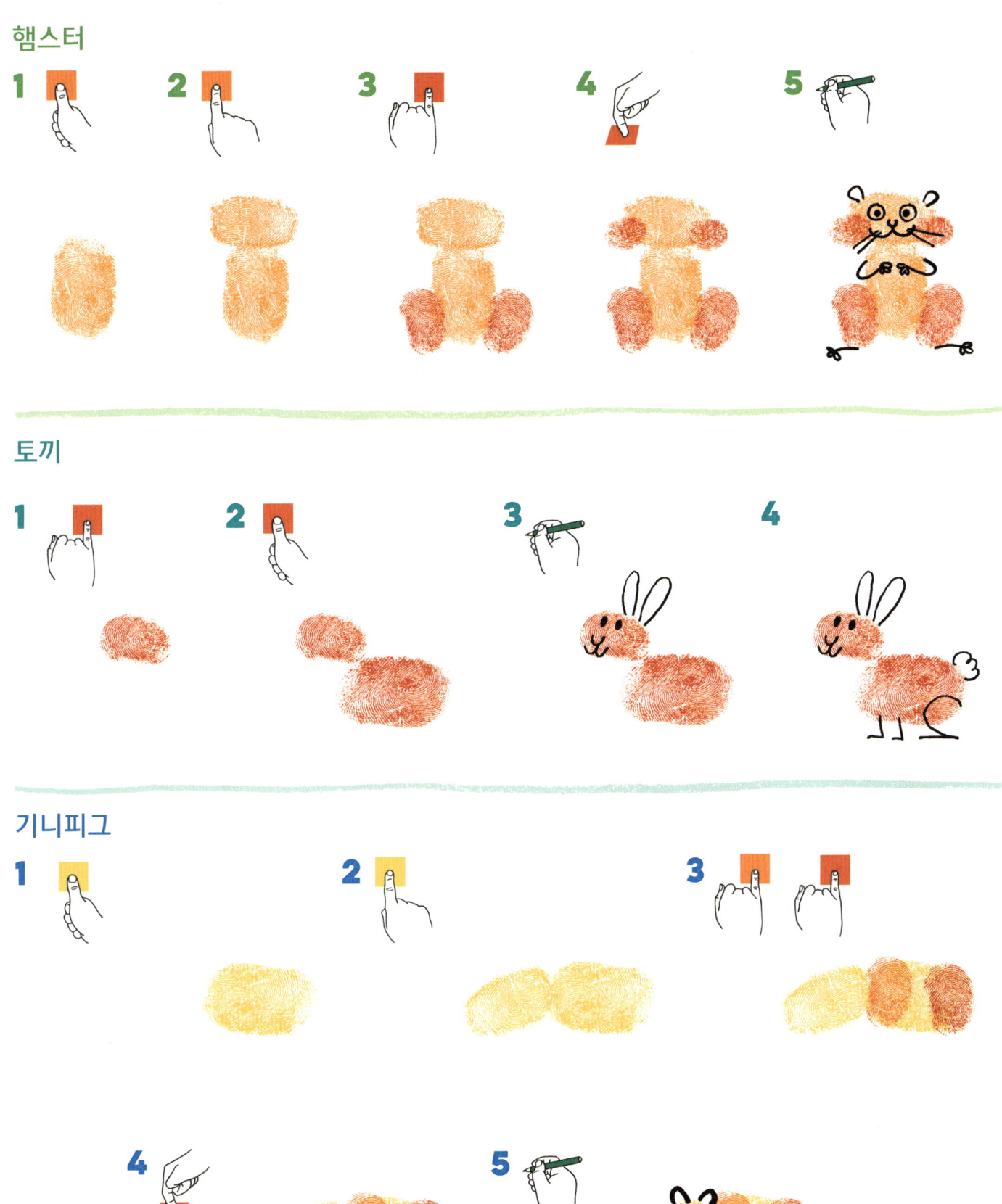

토끼

기니피그

11

생쥐

쥐

박쥐

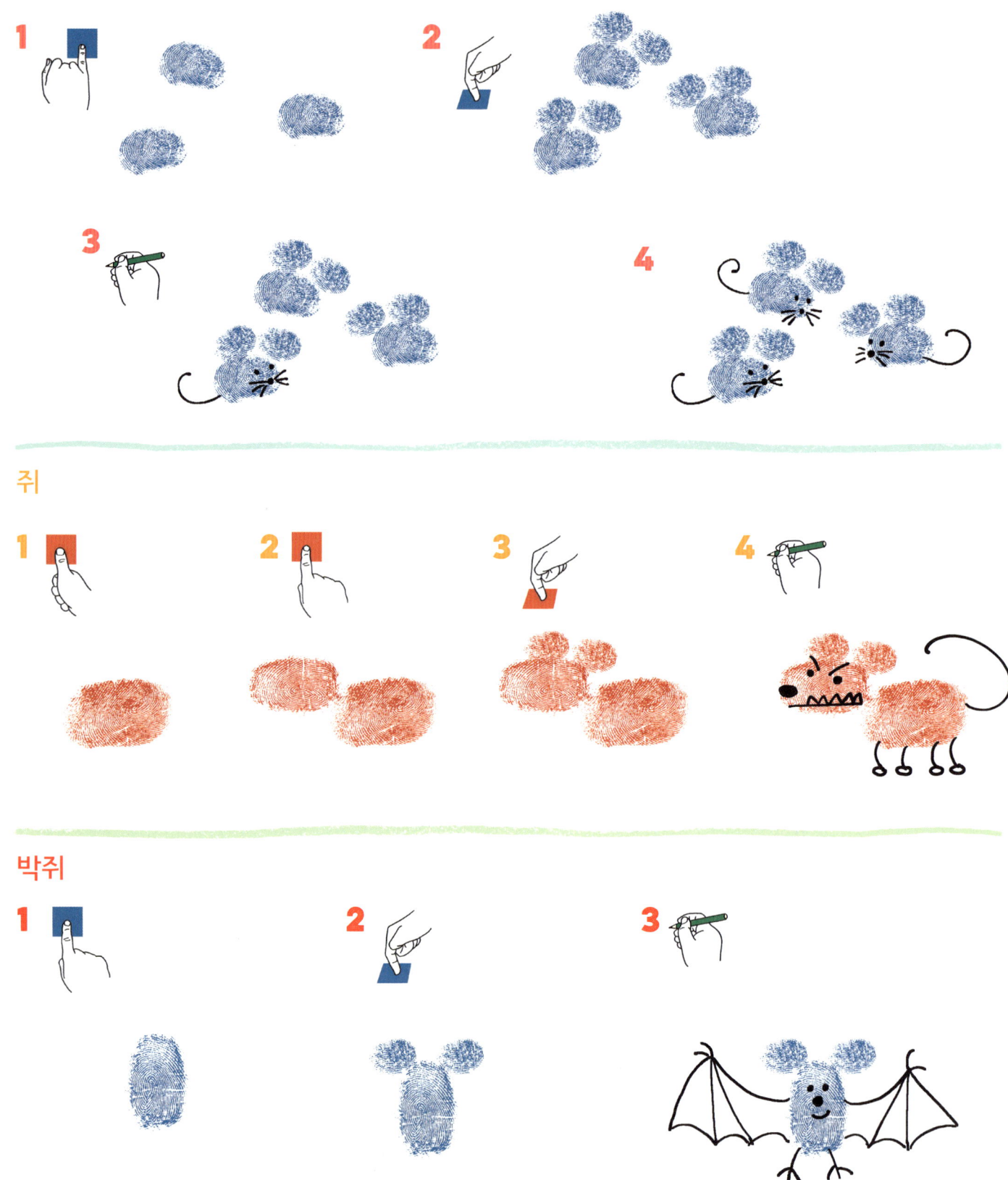

고슴도치

두더지

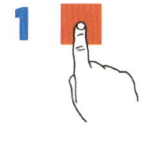   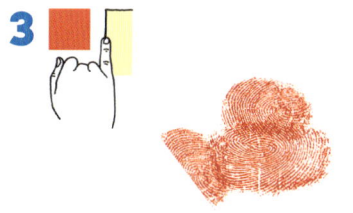

마멋

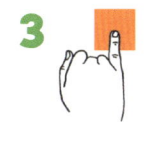    

다람쥐

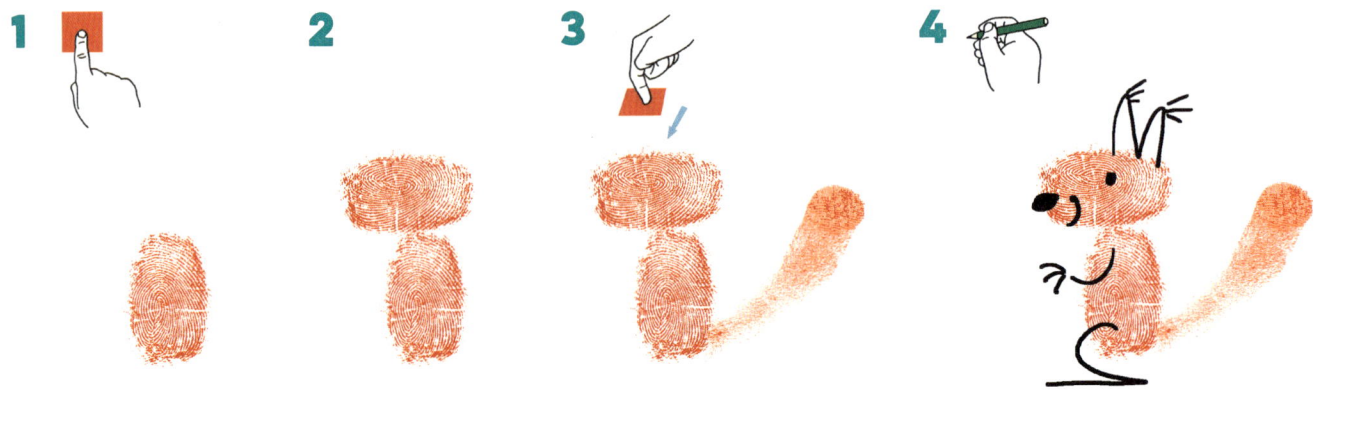

수달

너구리

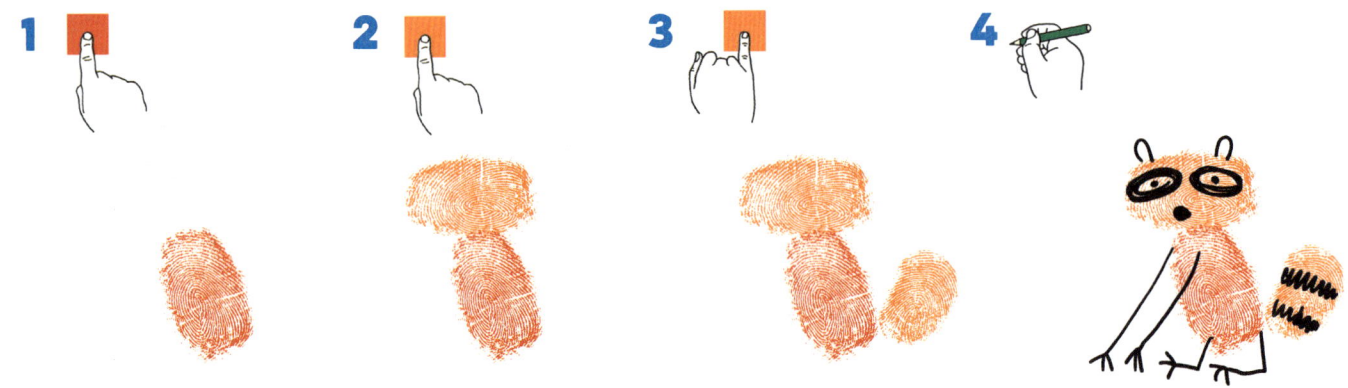

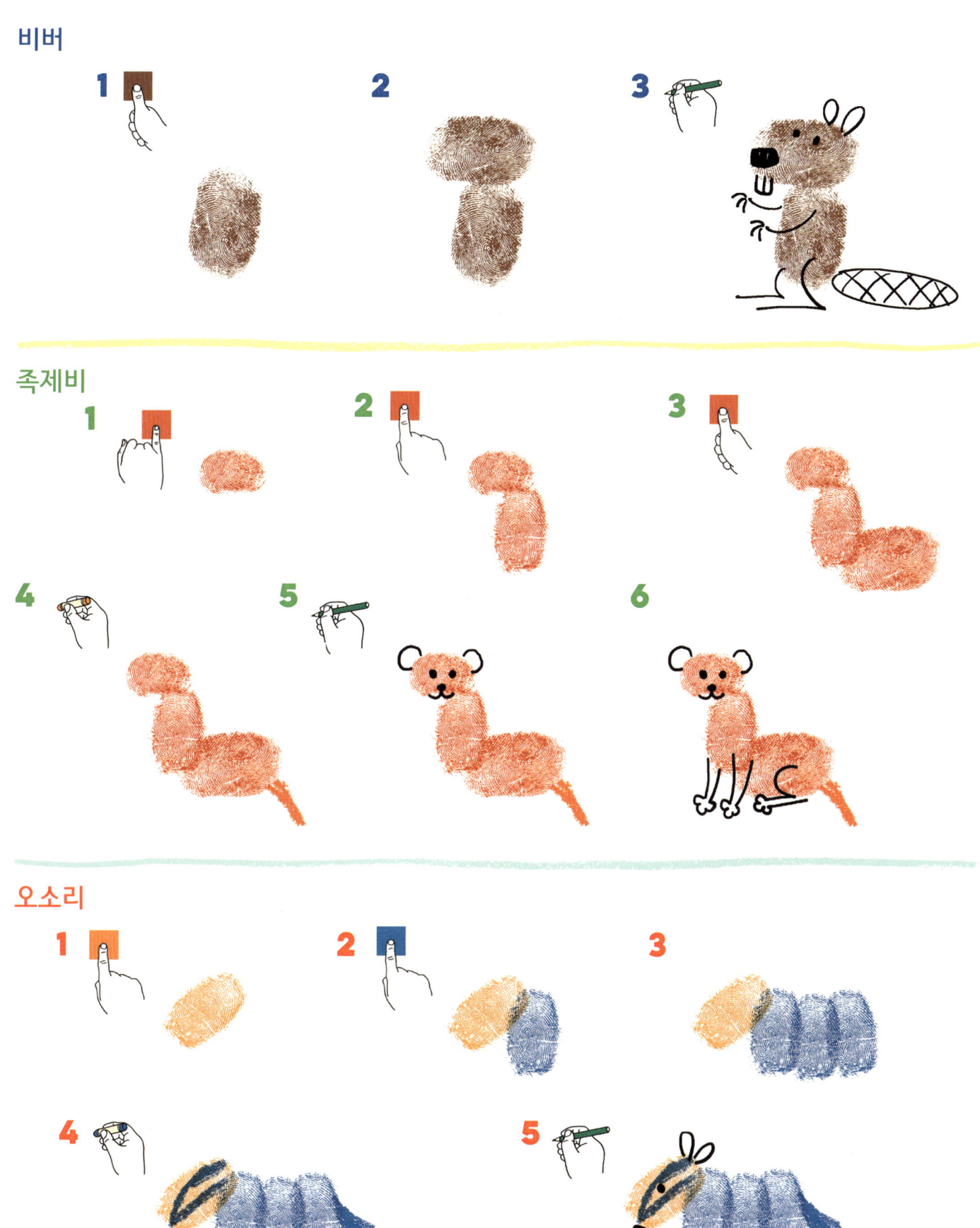

엘크

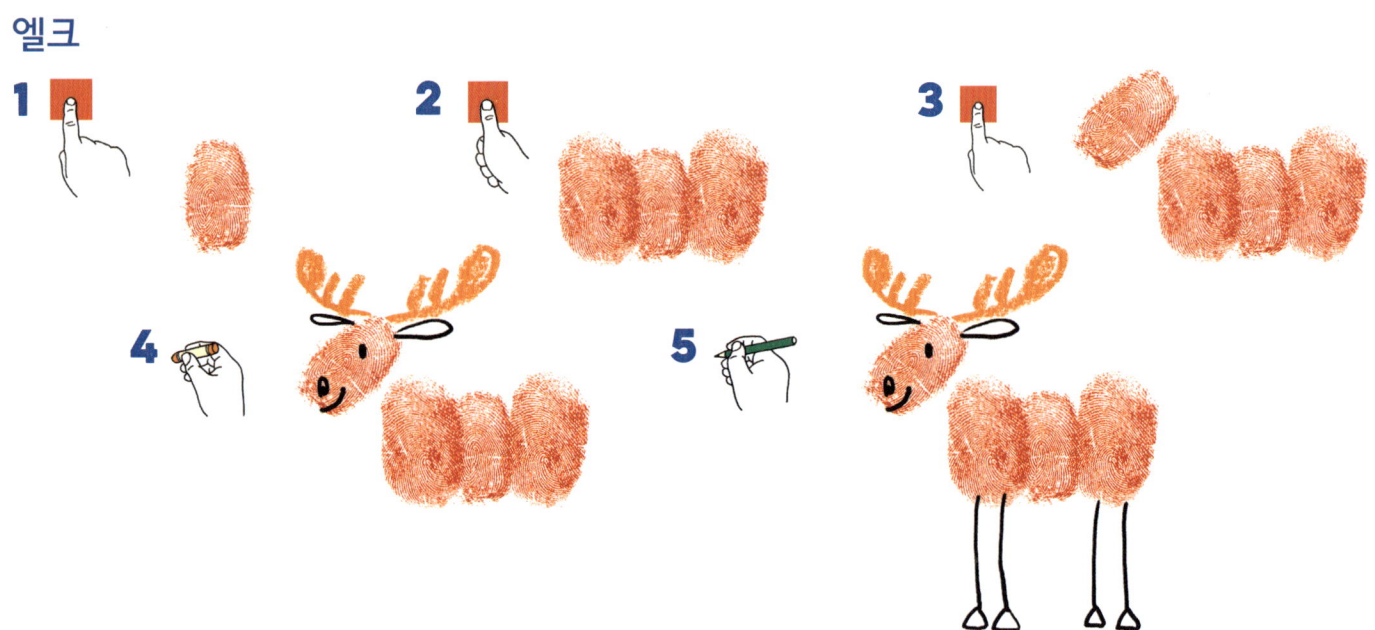

사슴

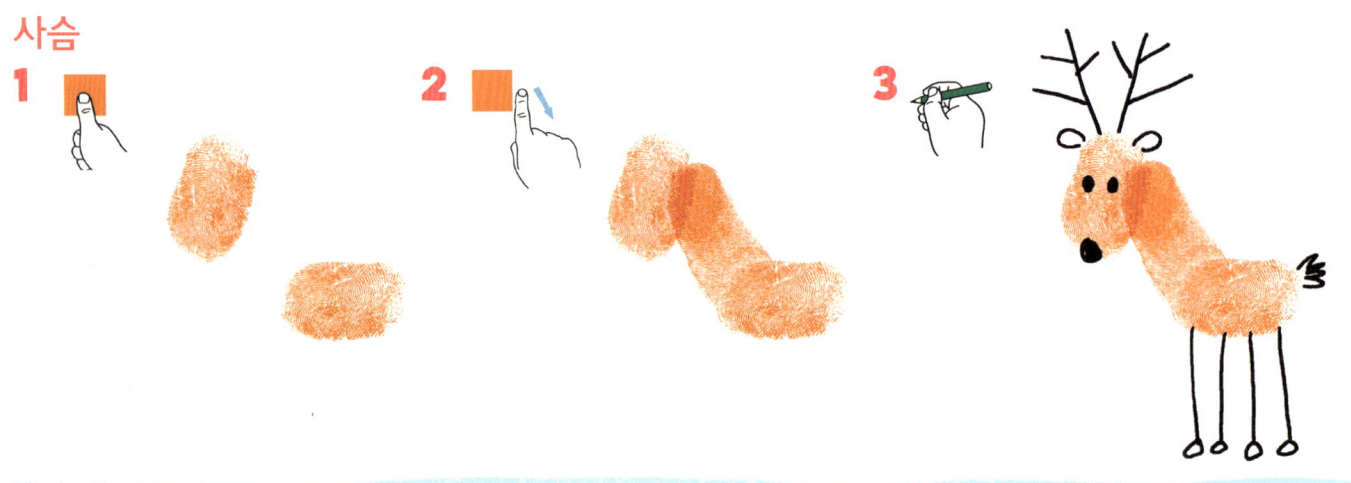

산양

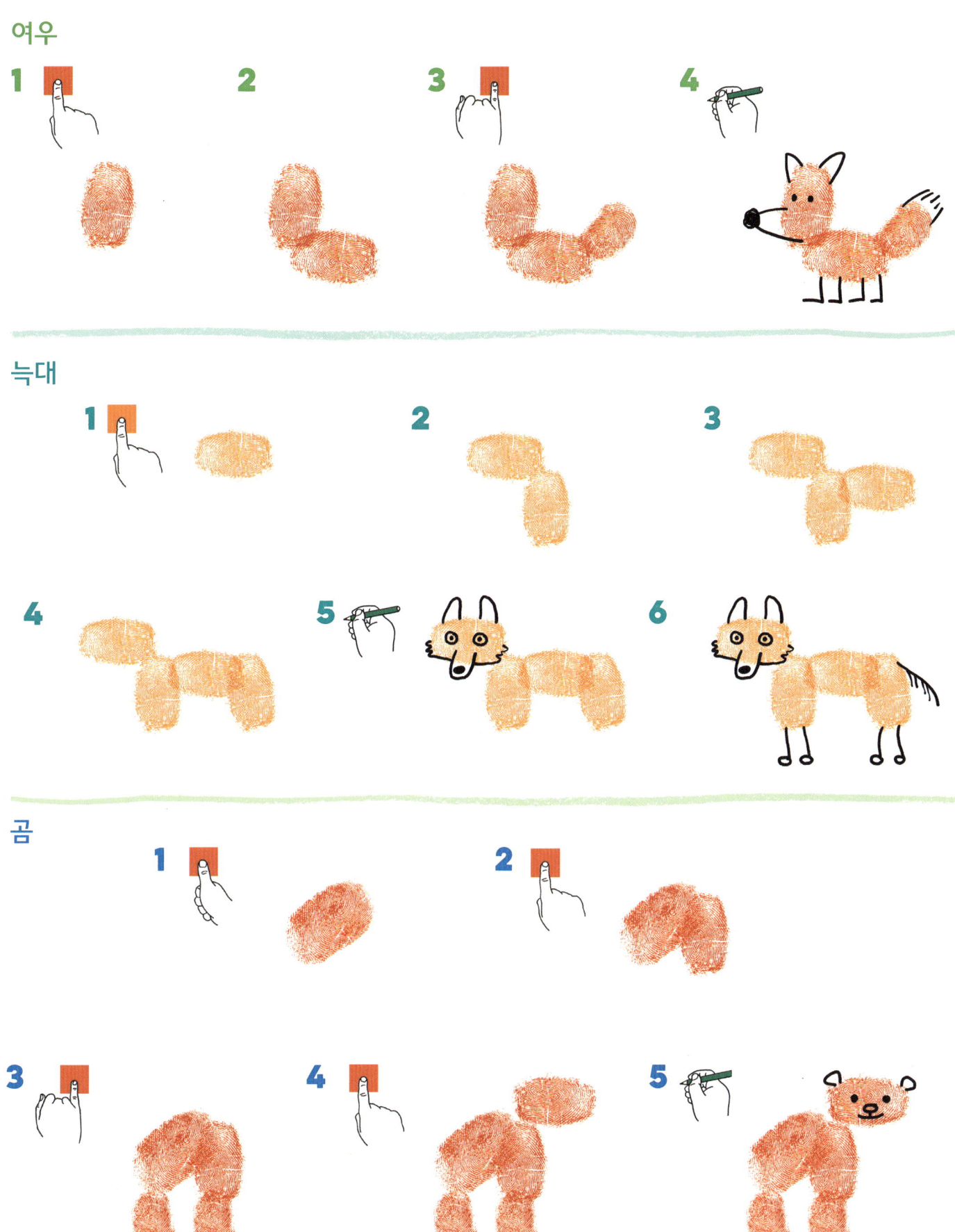

호랑이

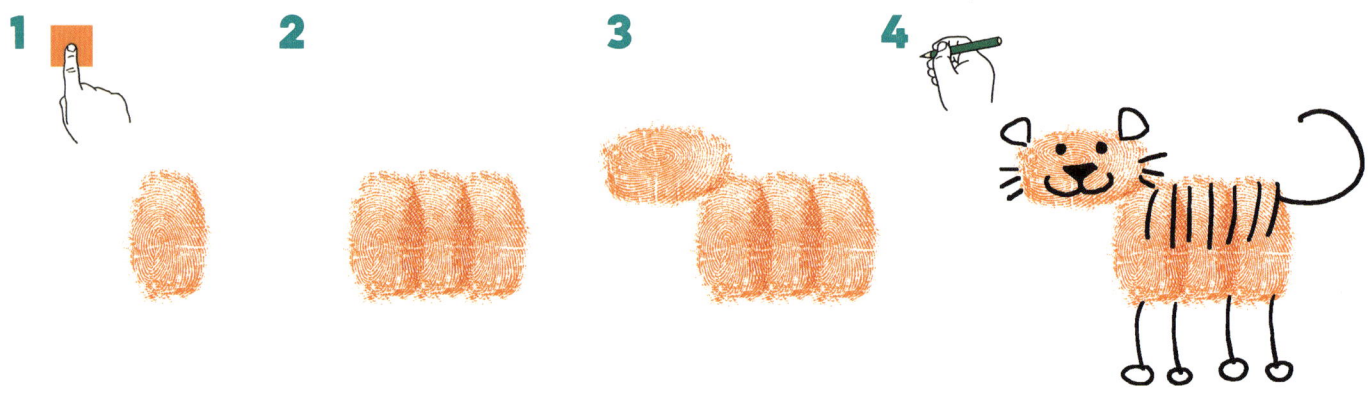

흑표범

사자

표범

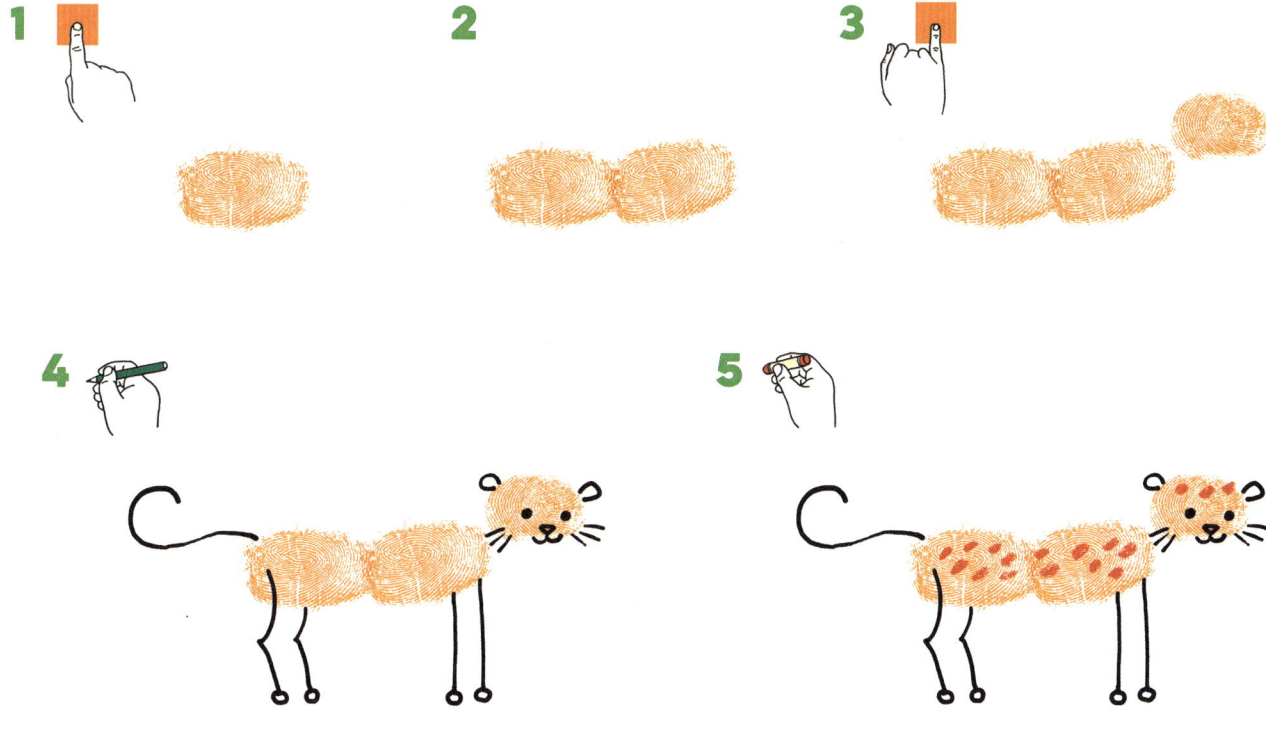

사막여우

원숭이

1 2 3 4 5

고릴라

1 2 3

4 5 6

미어캣

1 2 3 4 5

알락꼬리여우원숭이

오랑우탄

나무늘보

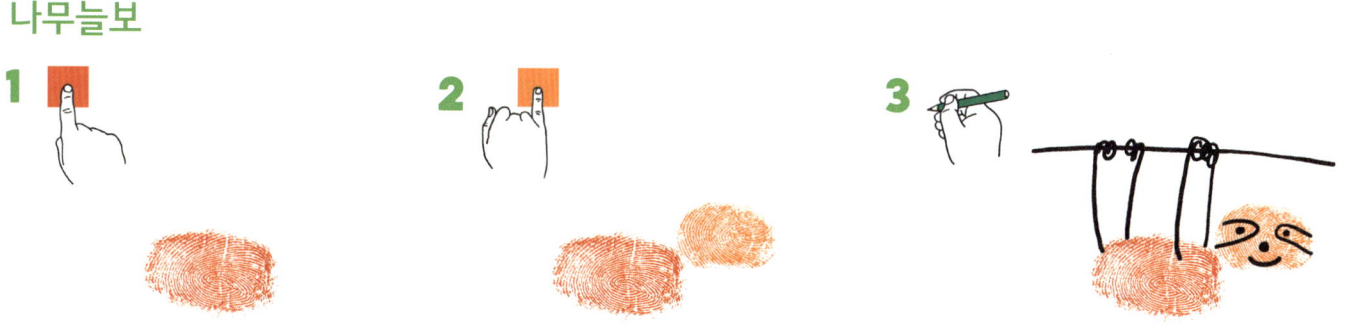

라마

아르마딜로

개미핥기

오리너구리

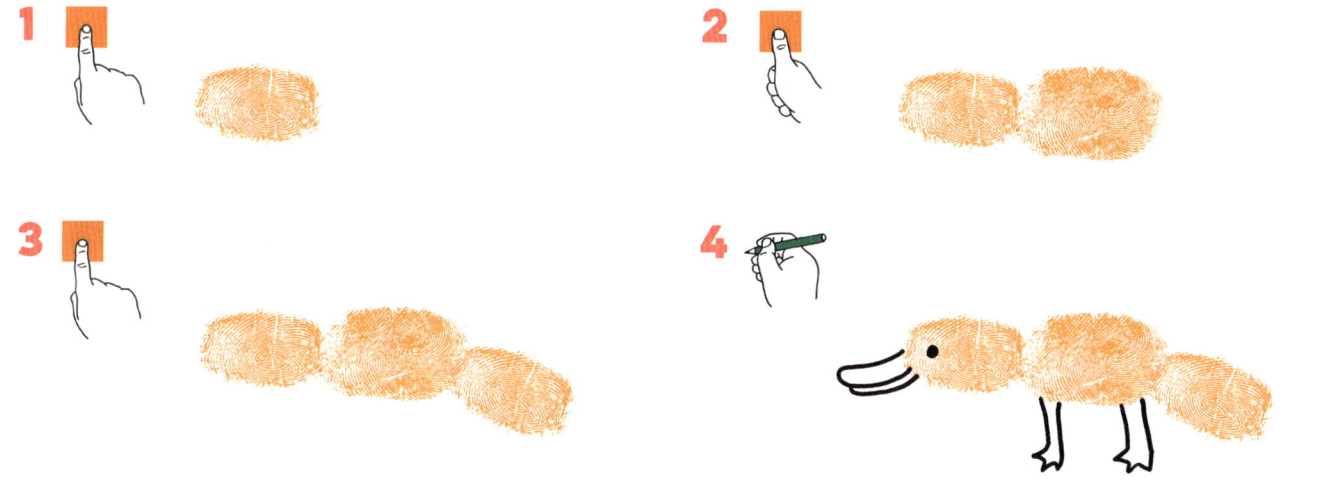

코알라

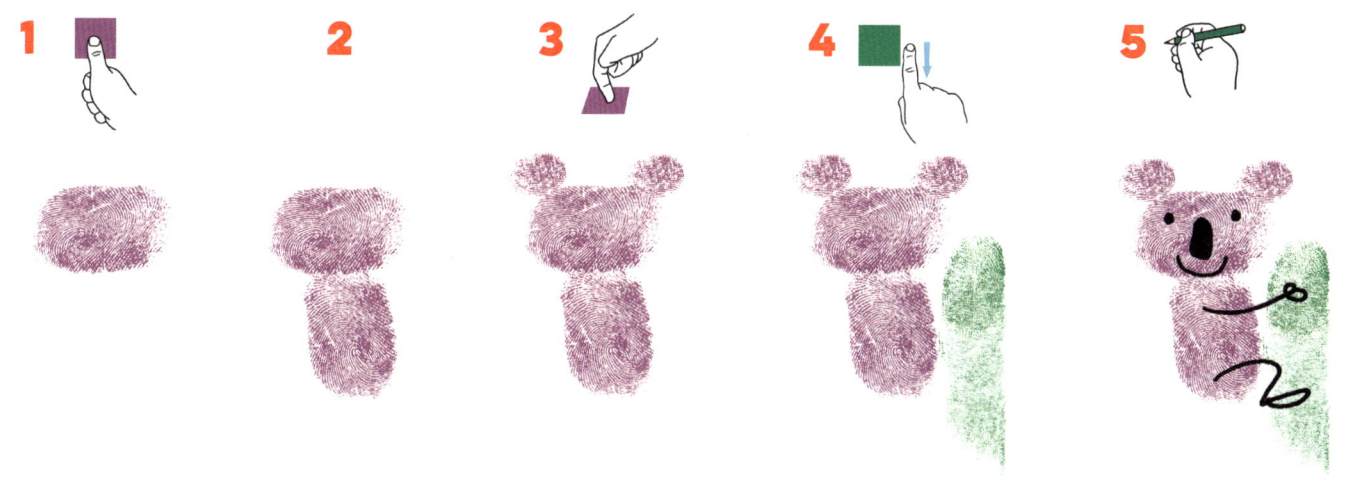

캥거루

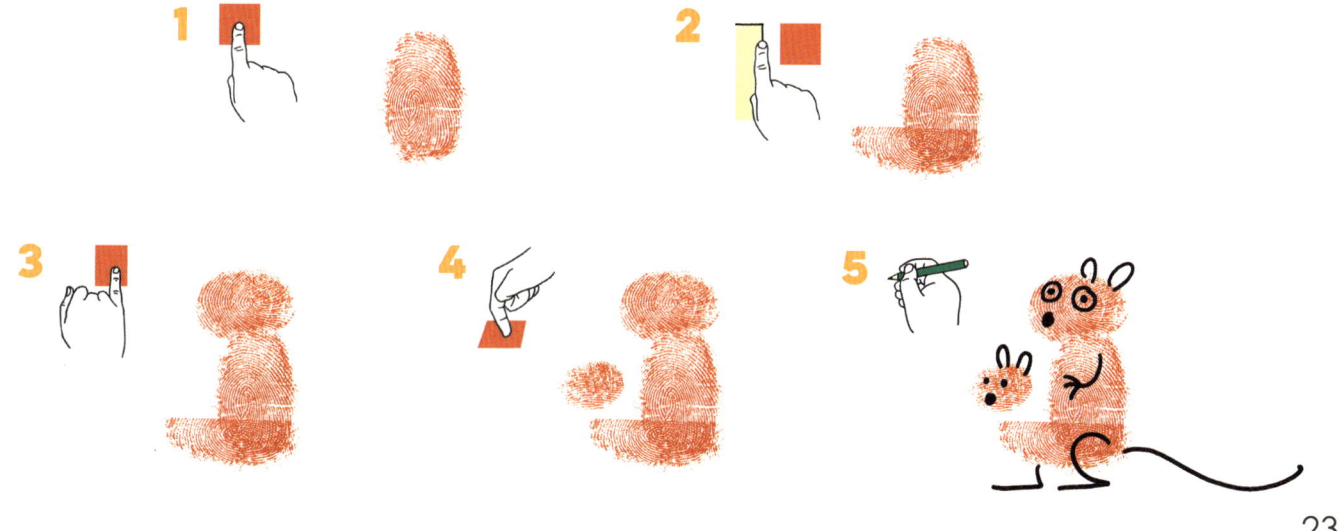

판다

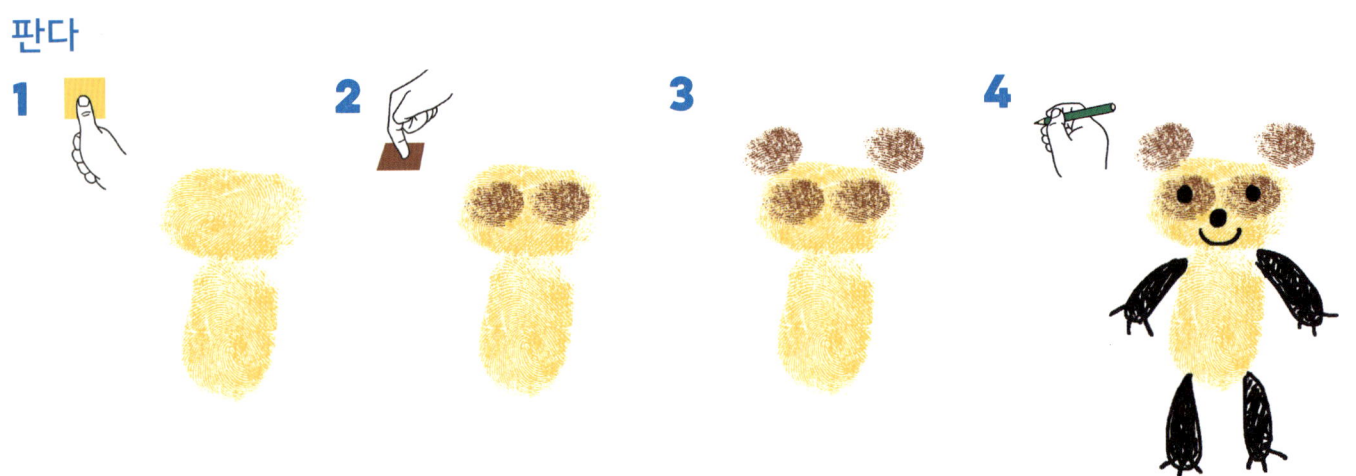

북극곰

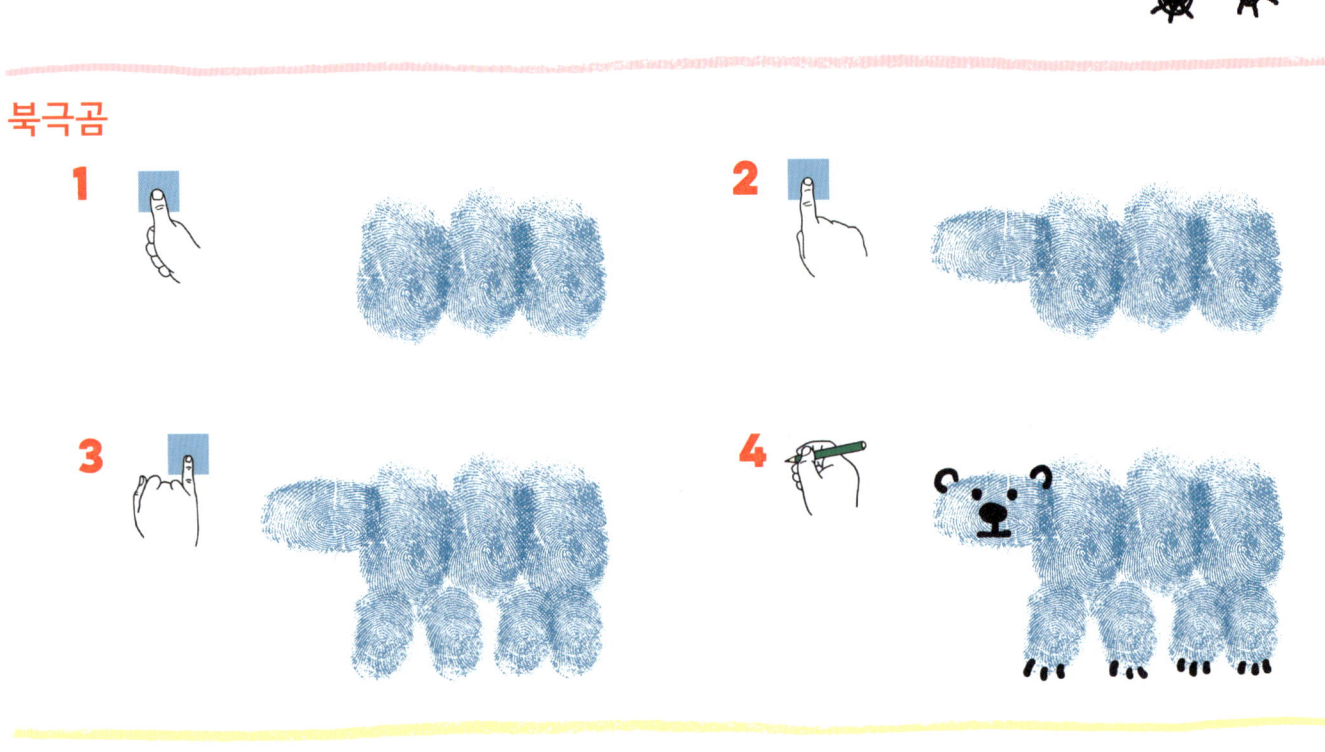

들소

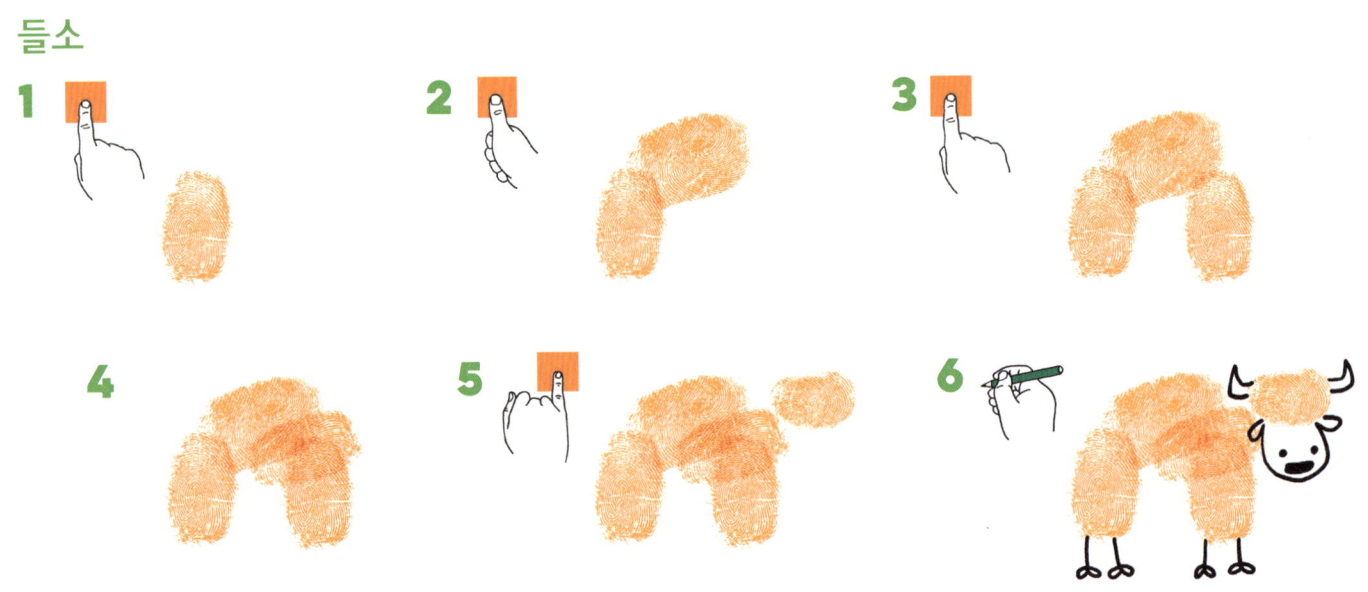

낙타

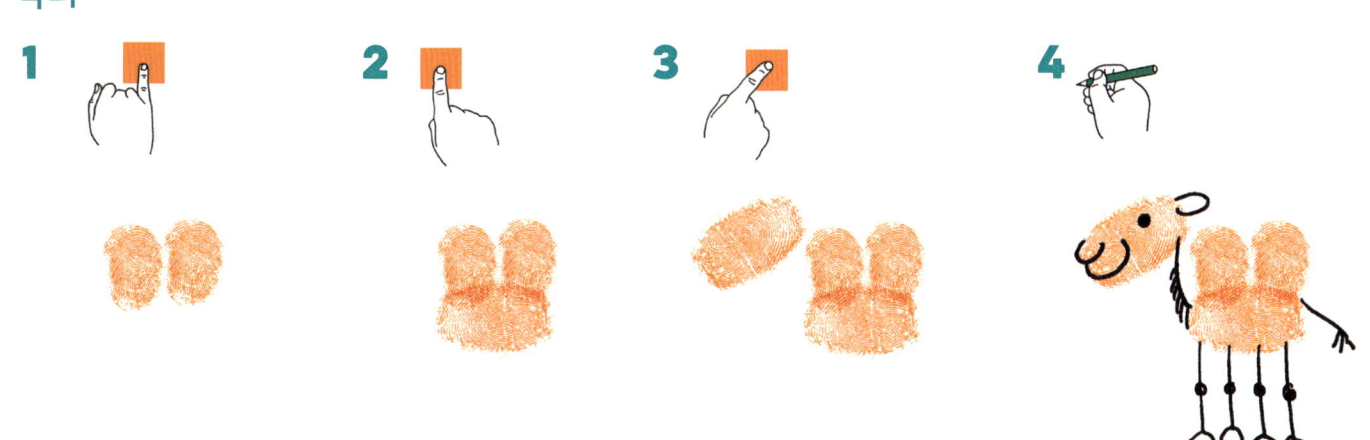

기린

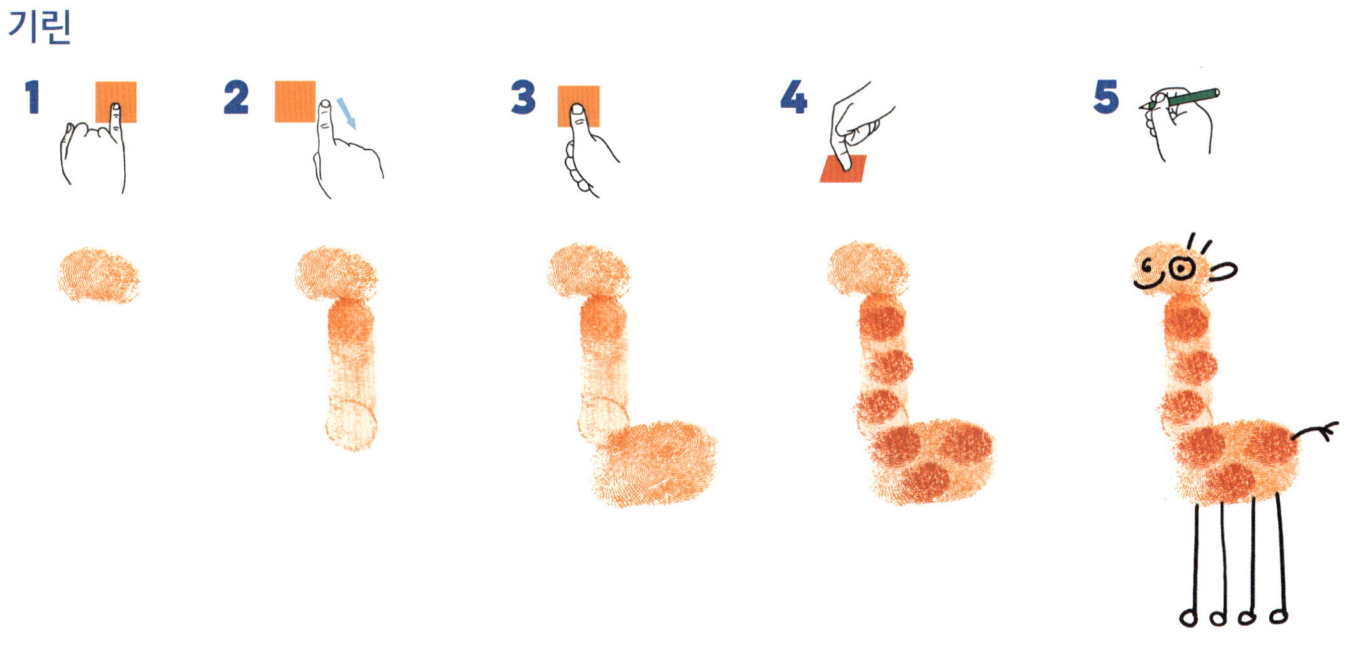

얼룩말

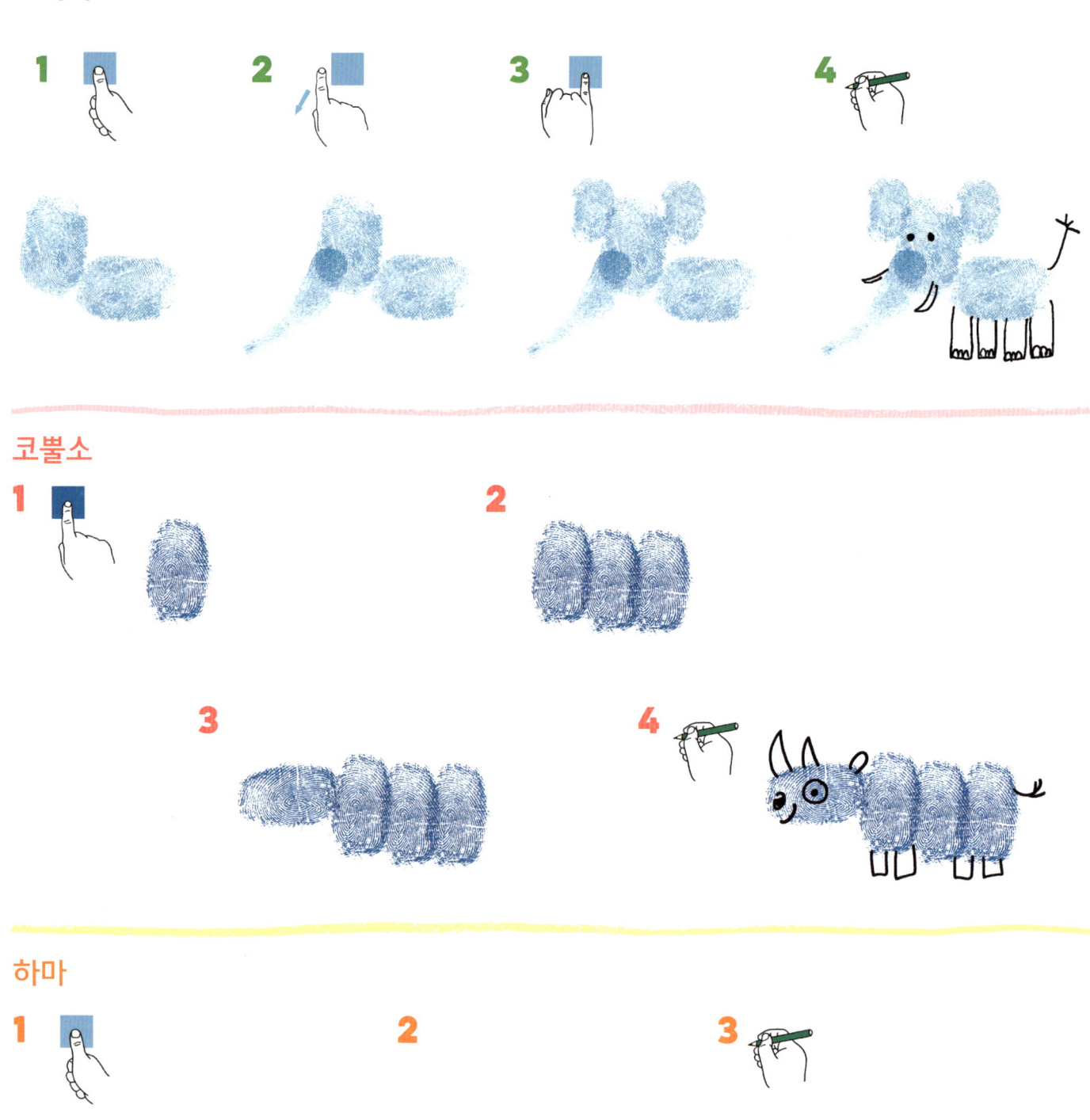

악어

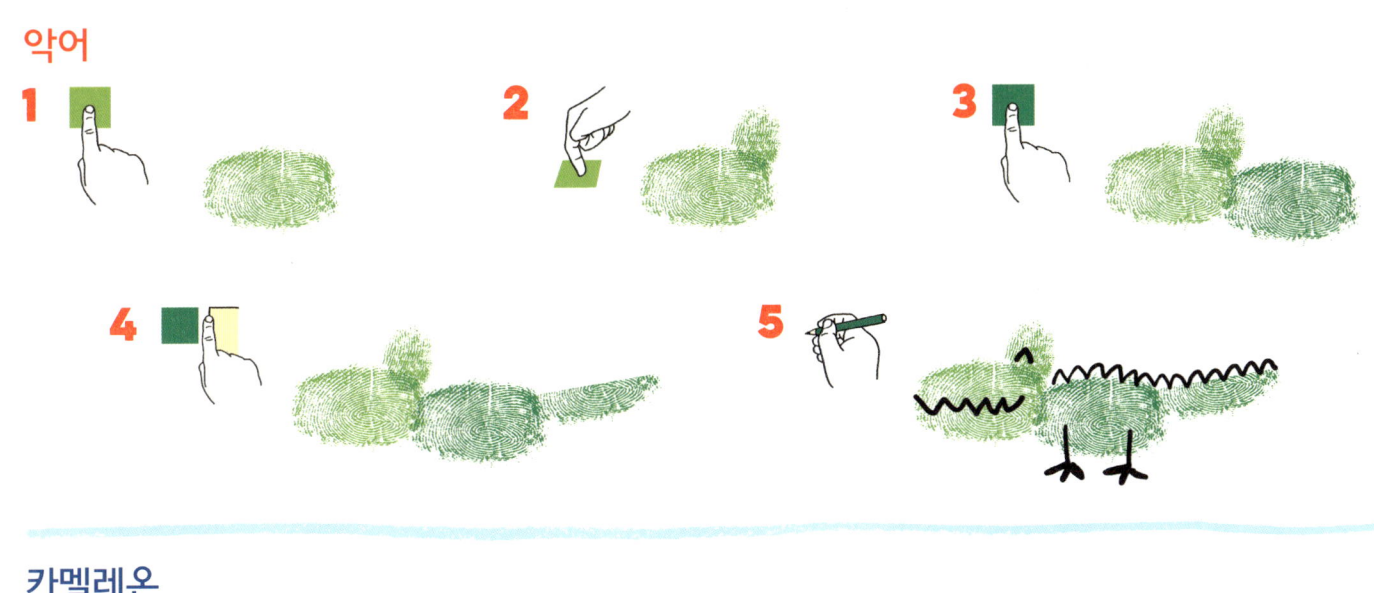

카멜레온

뱀

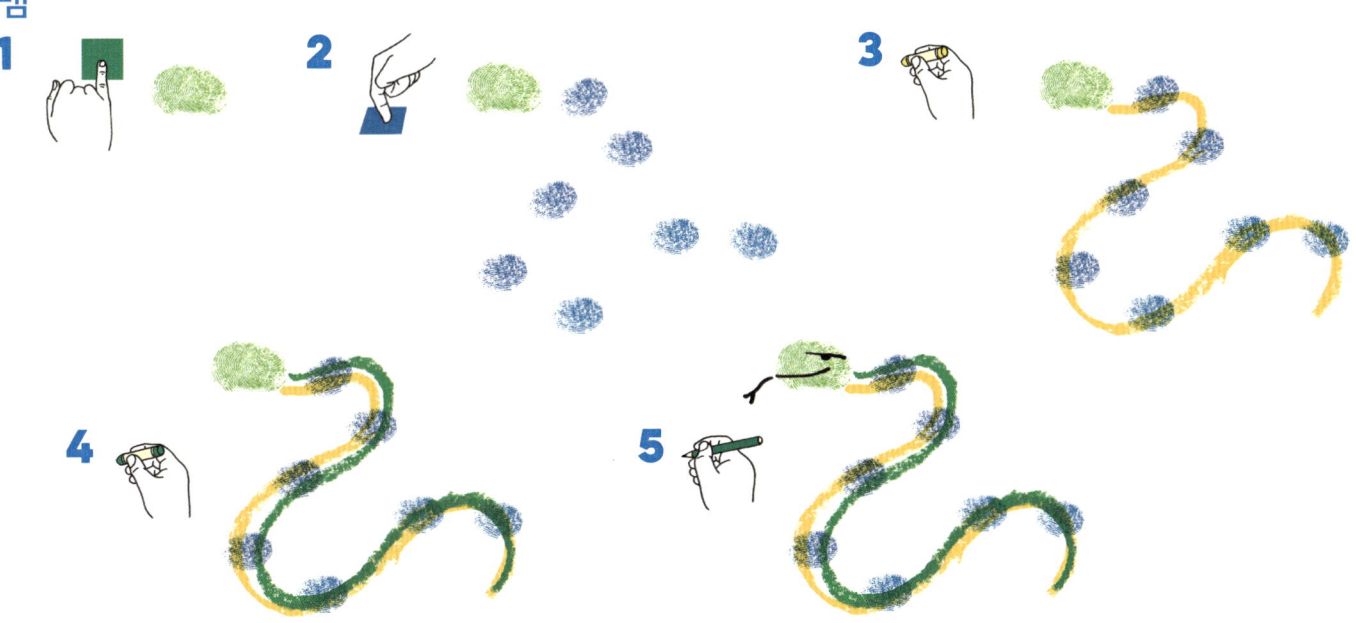

도마뱀

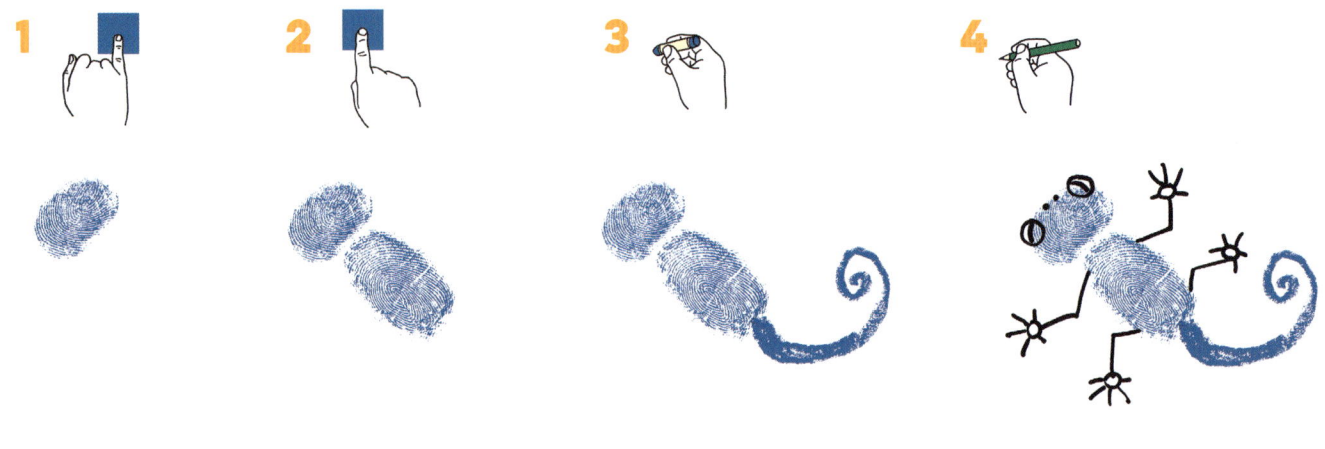

거북이

개구리

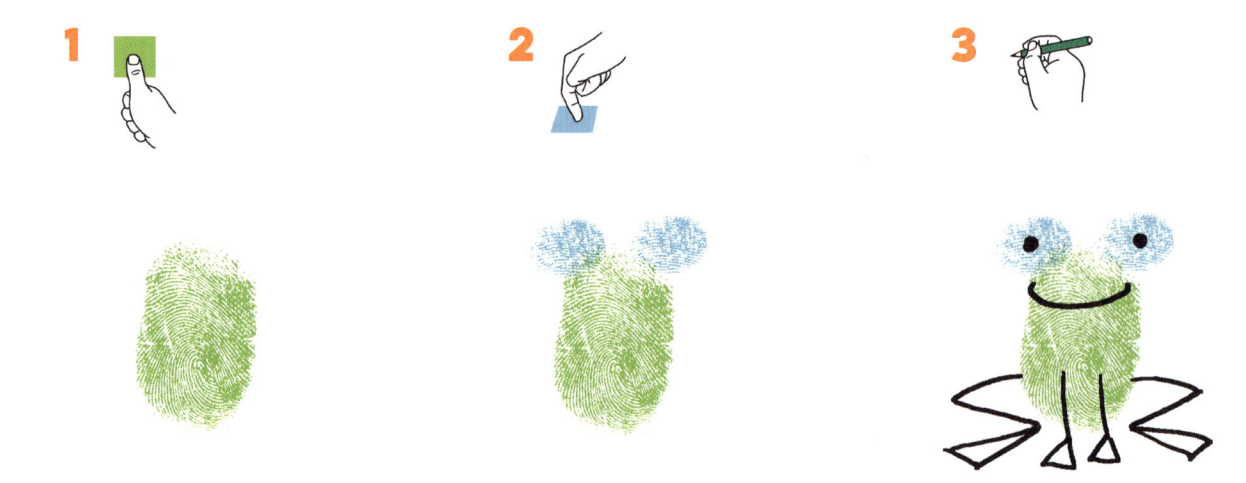

달팽이

전갈

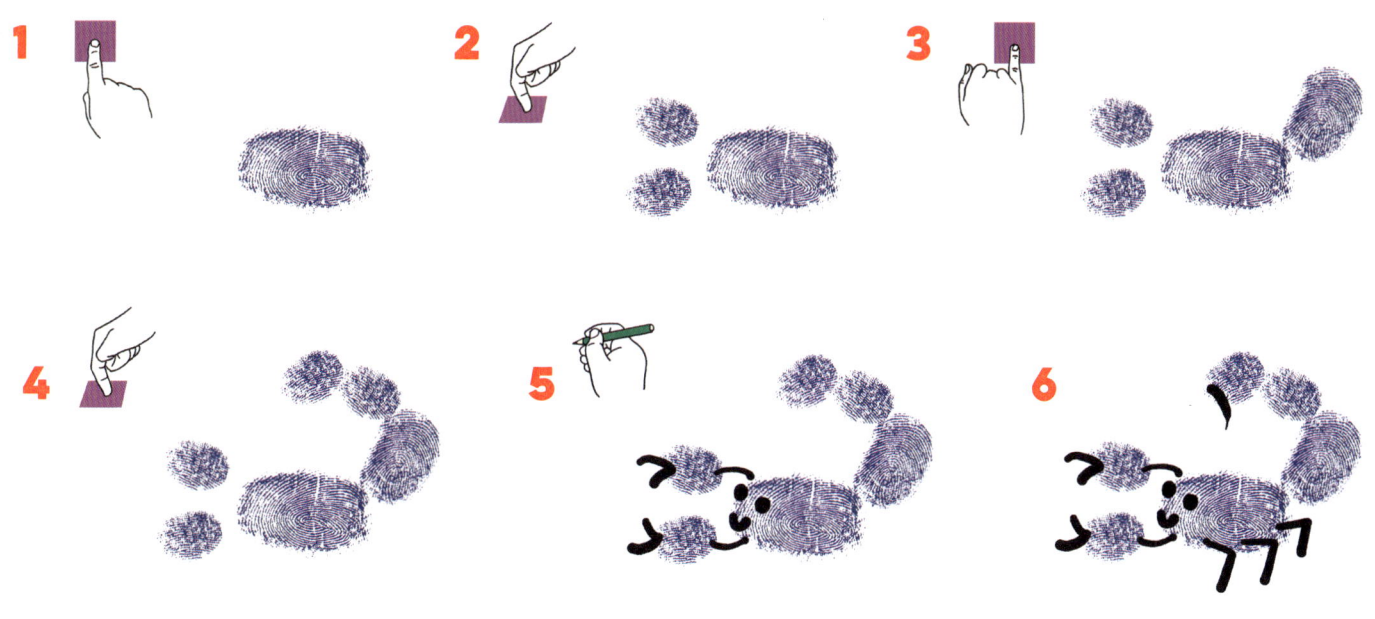

애벌레

나비

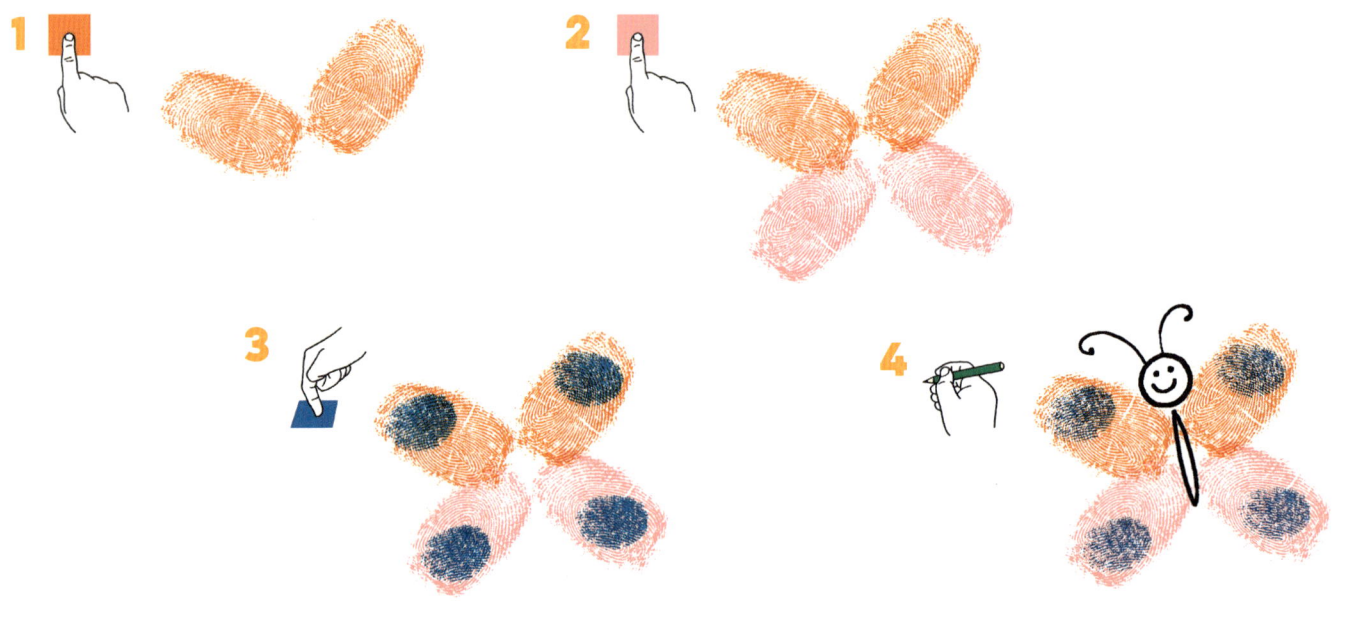

잠자리

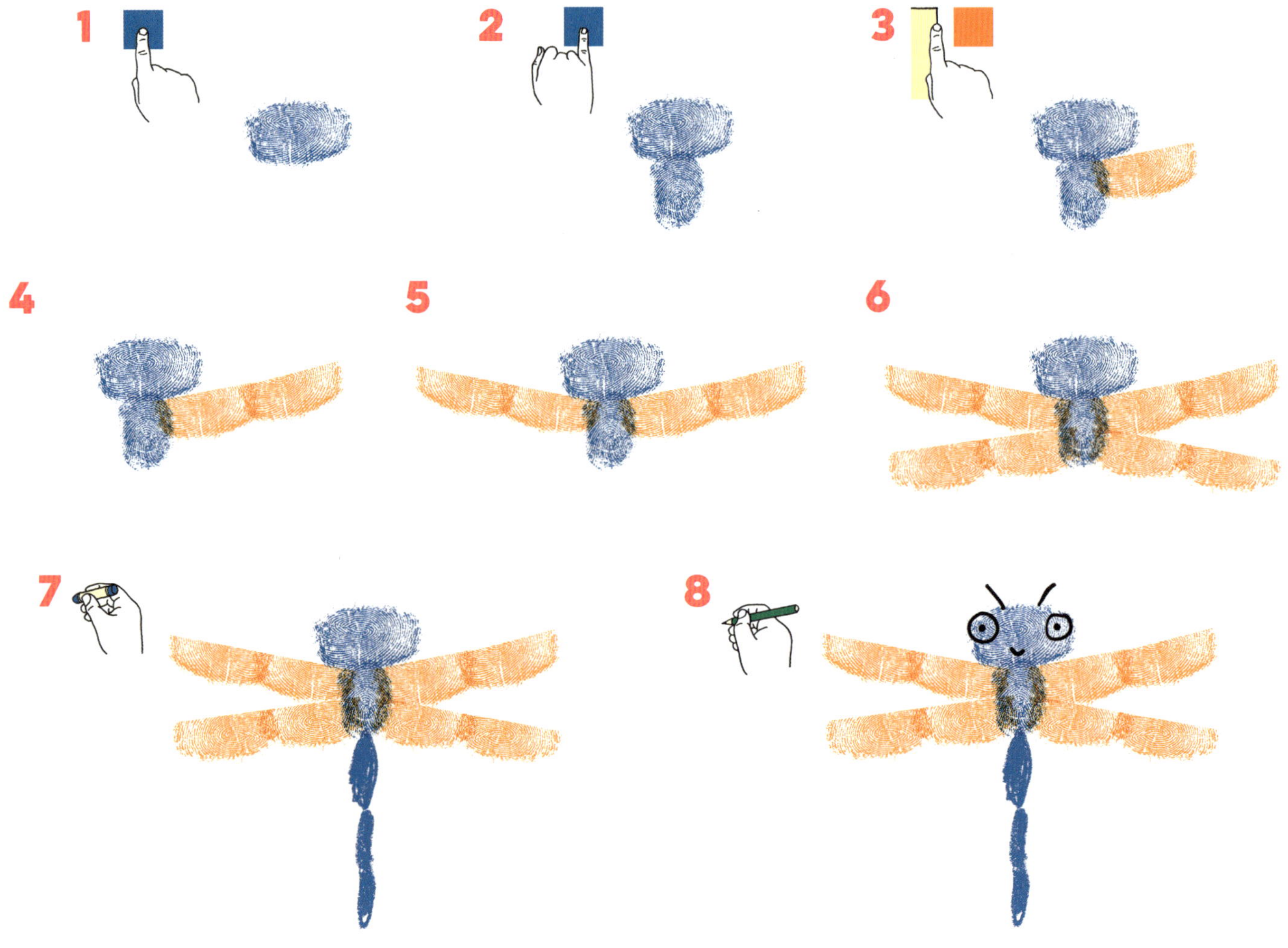

메뚜기

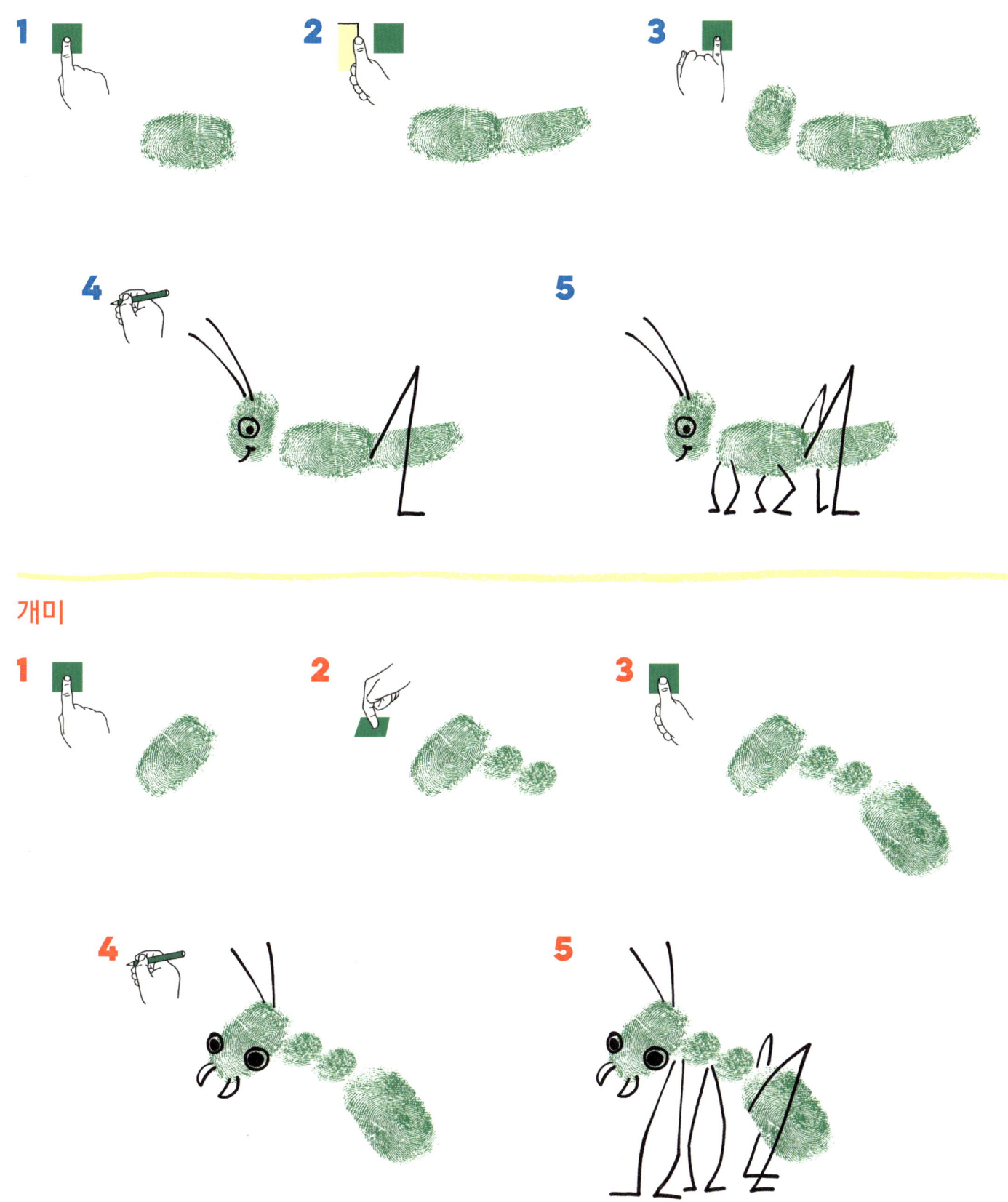

개미

거미

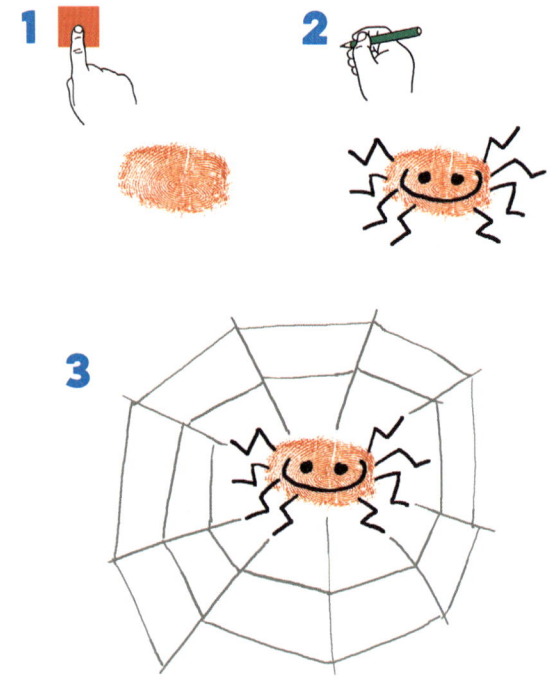

벌

무당벌레

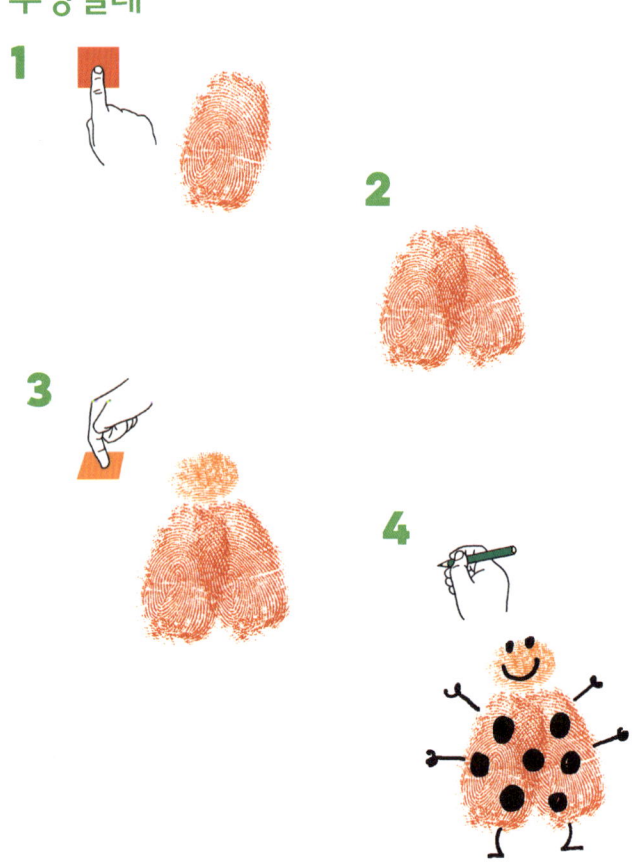

사슴벌레

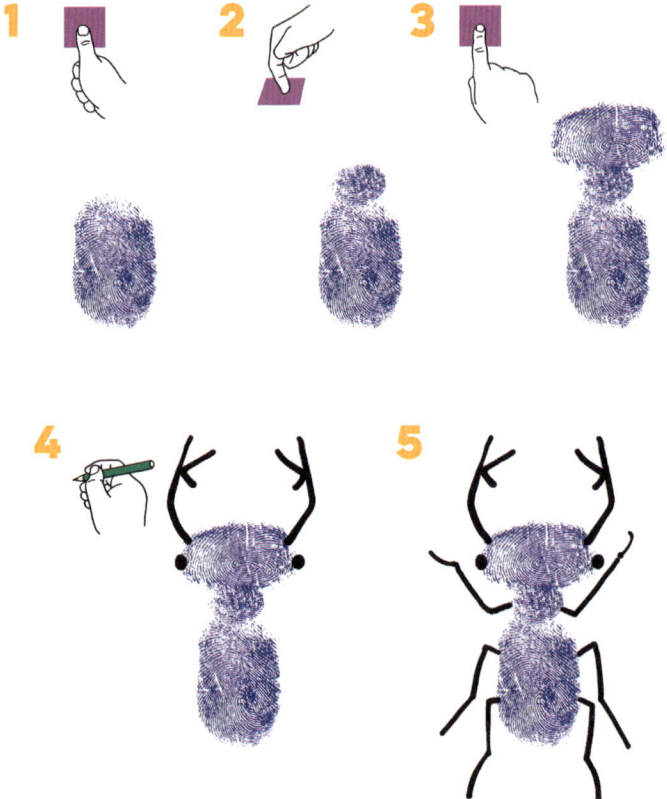

부엉이

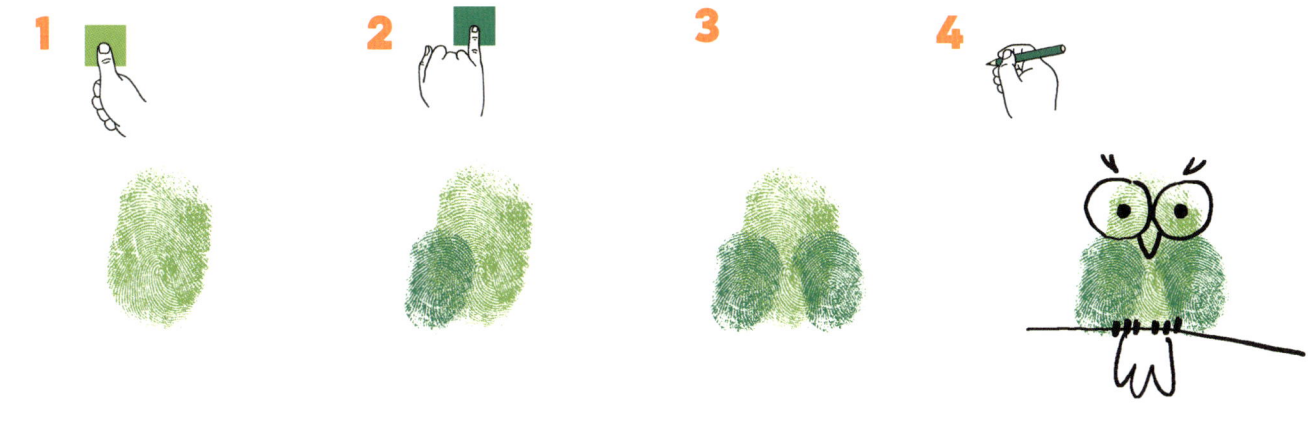

비둘기

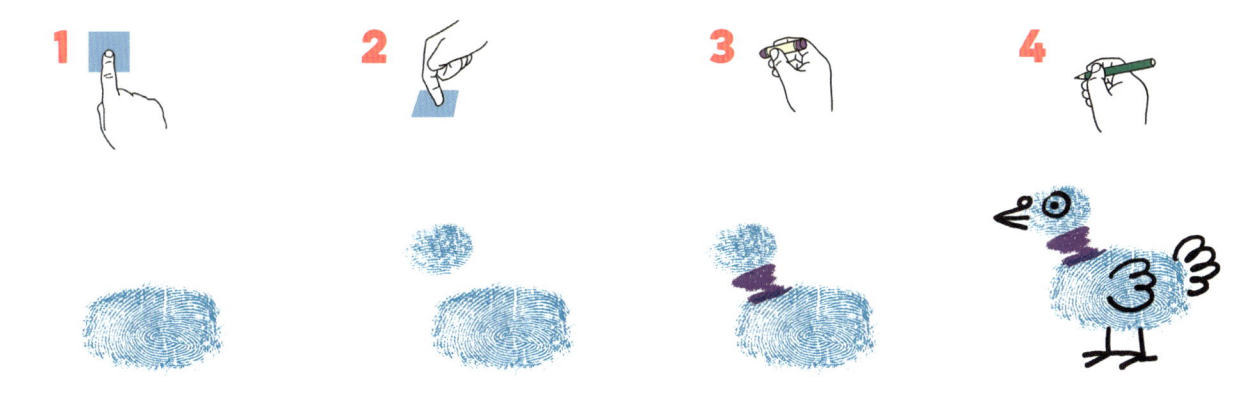

까마귀

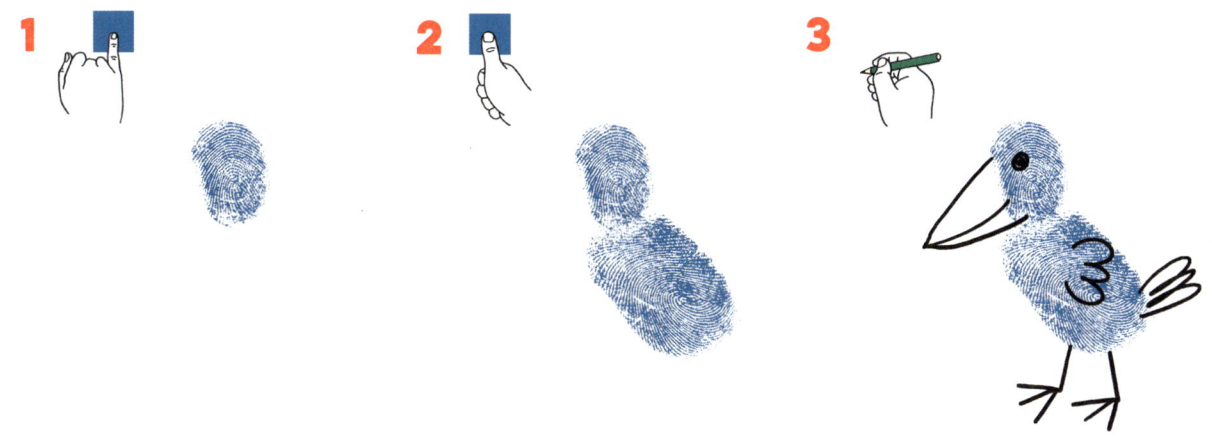

오리

백조

공작

딱따구리

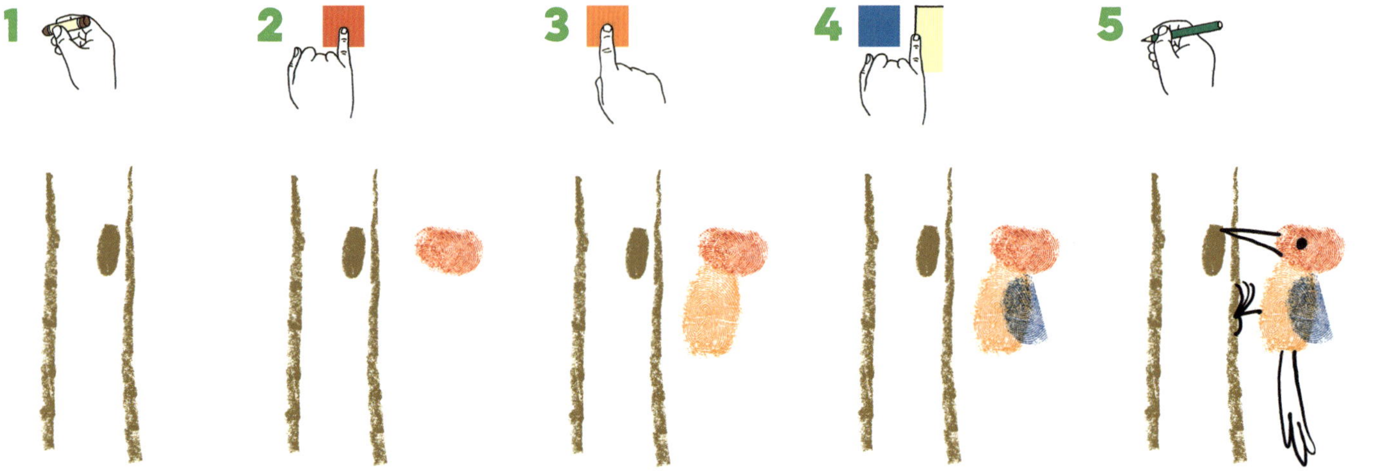

1 2 3 4 5

제비

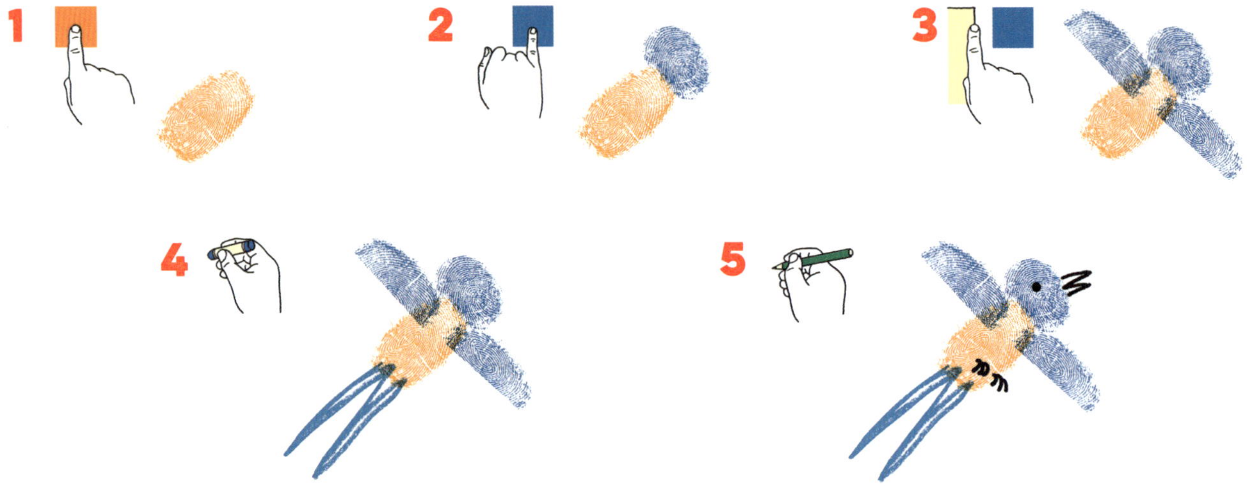

1 2 3

4 5

황새

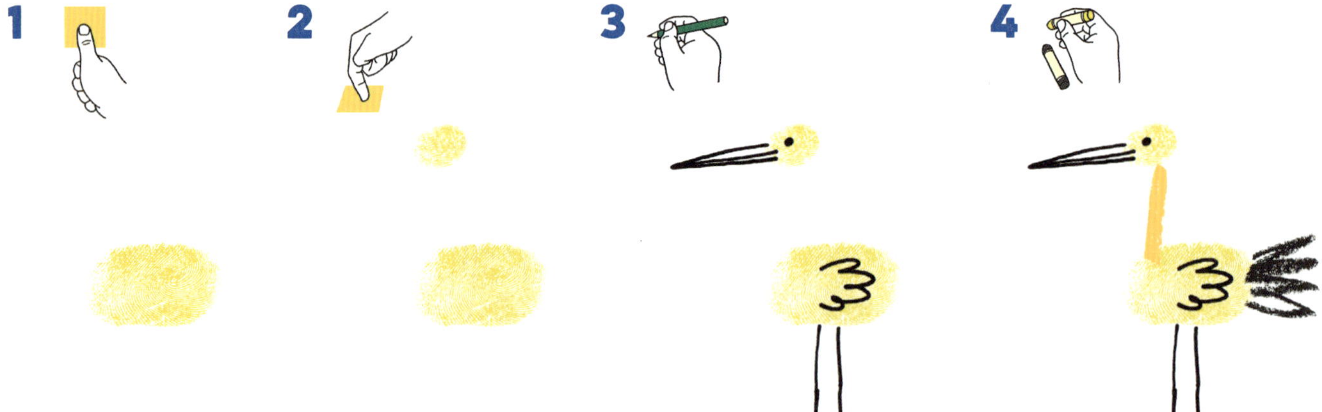

1 2 3 4

학

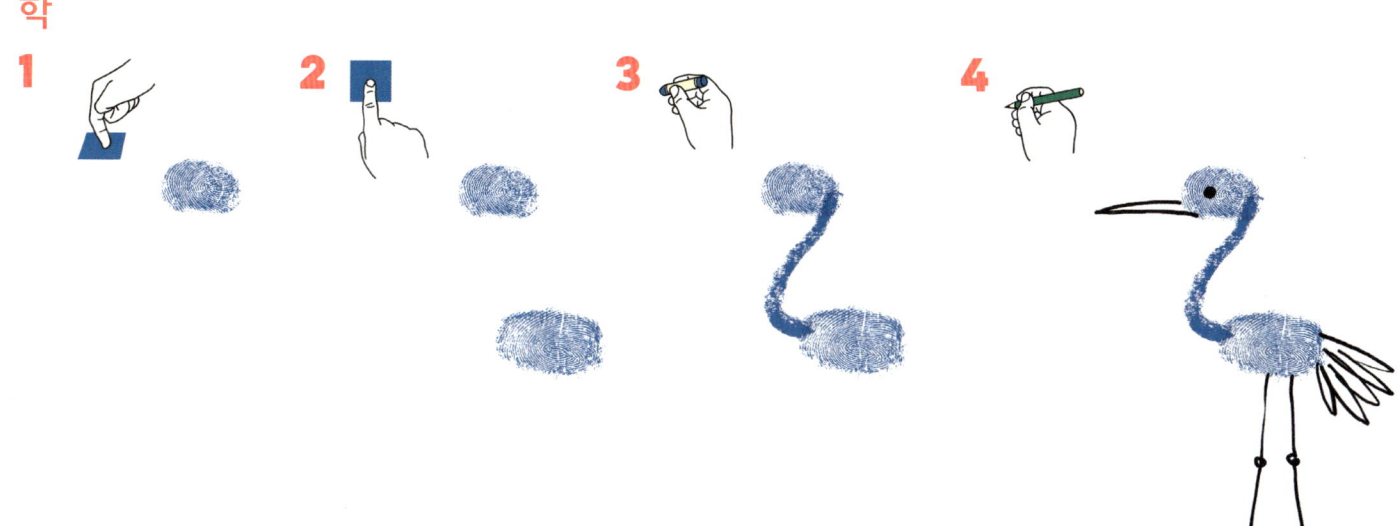

타조

홍학(플라밍고)

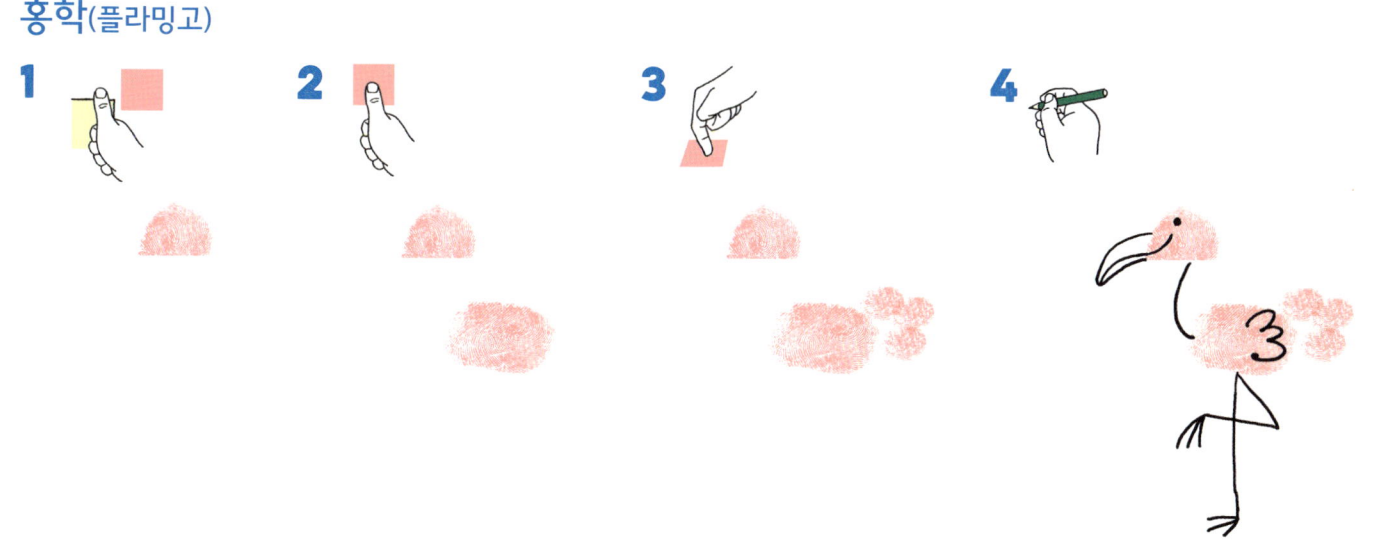

큰부리새

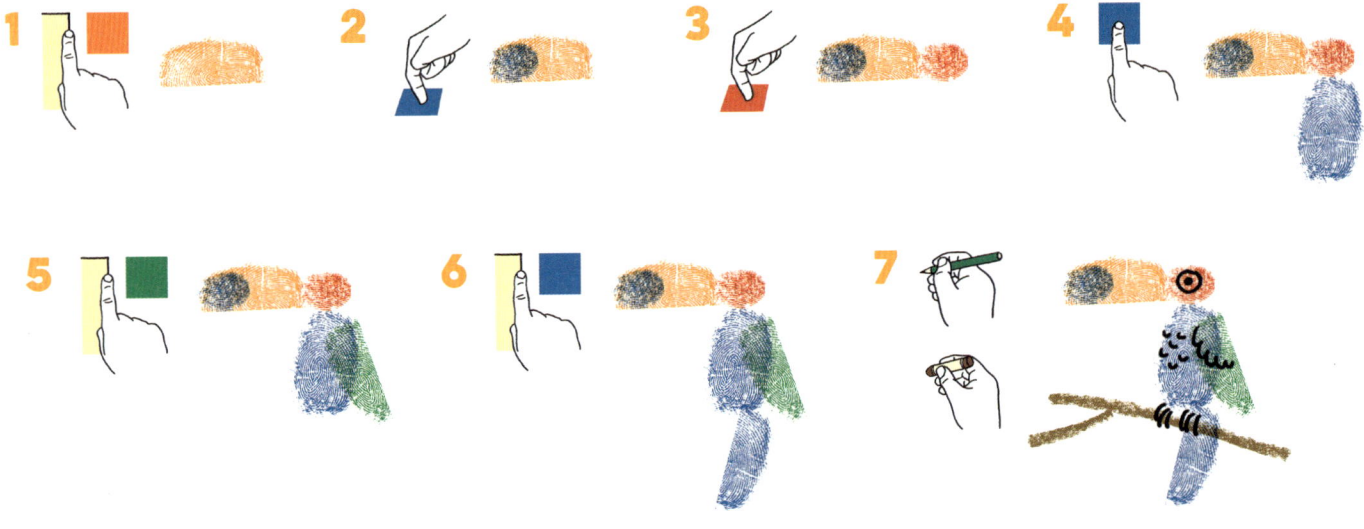

앵무새-1

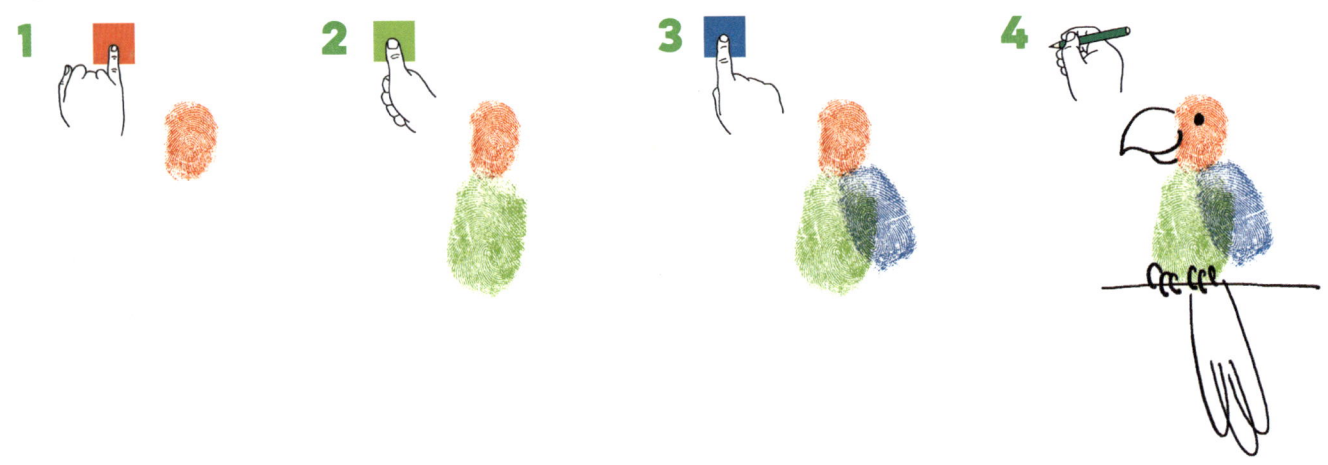

앵무새-2

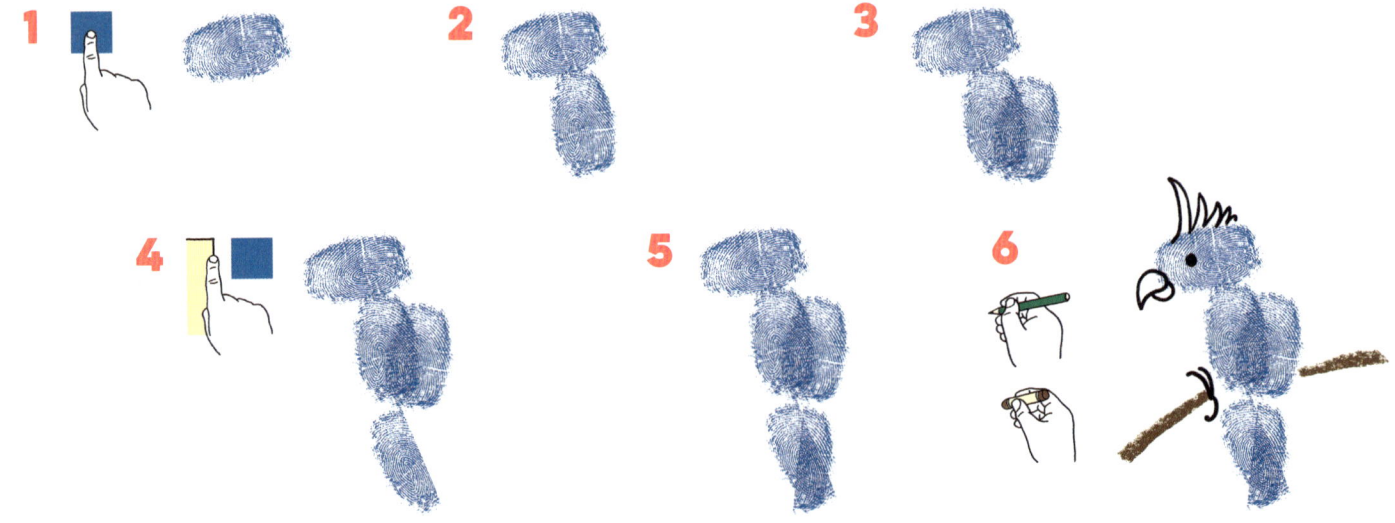

벌새

펠리컨

펭귄

39

물고기

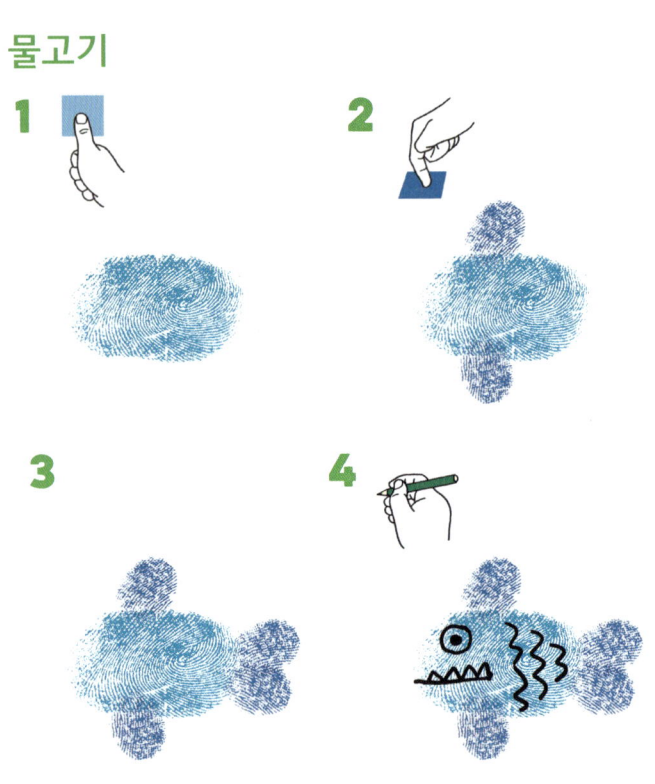

열대어

상어

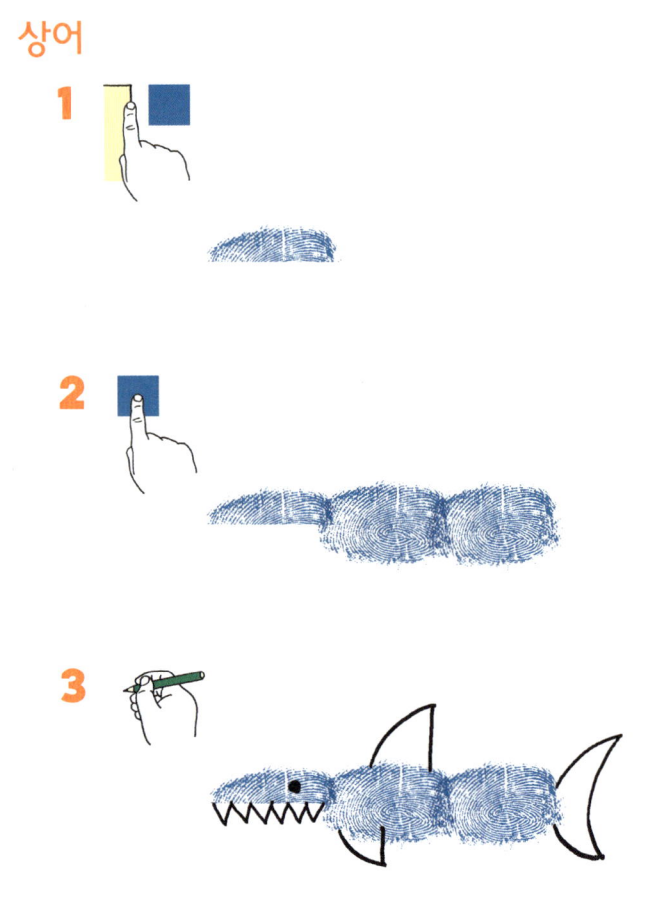

불가사리

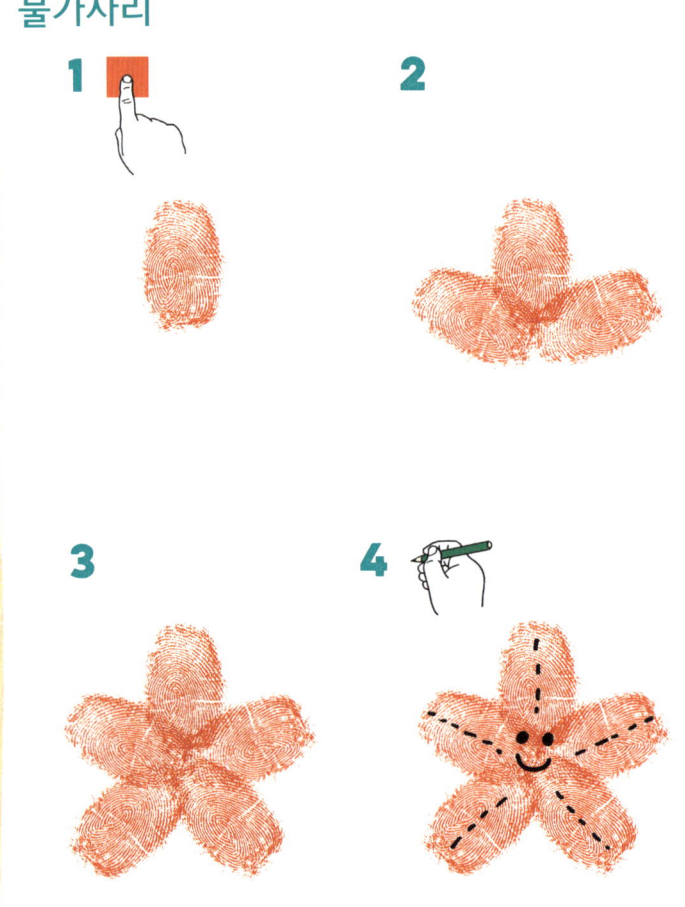

문어

1 
2 
3

해파리

1
2

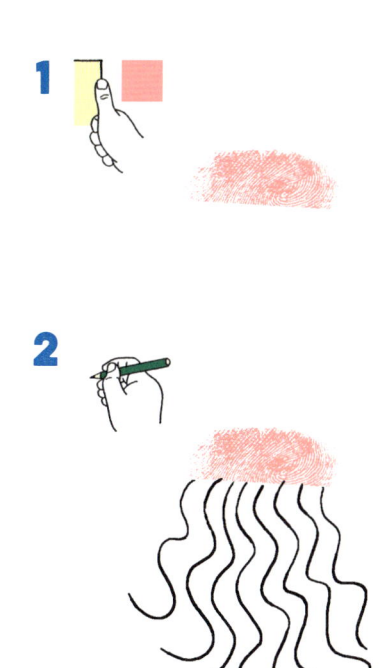

바닷가재(랍스터)

1 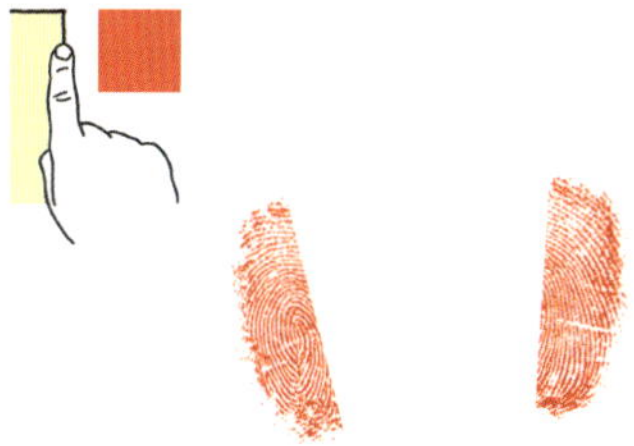
2 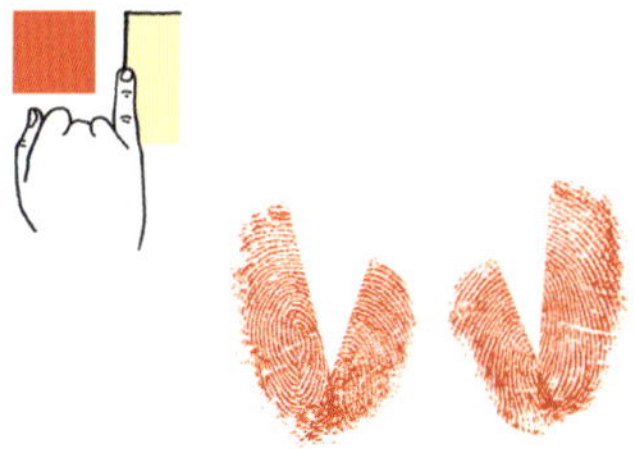
3 
4 
5 
6

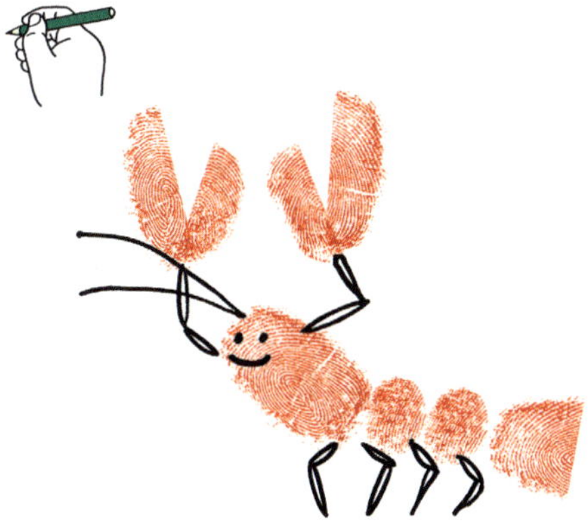

게

해마

물개

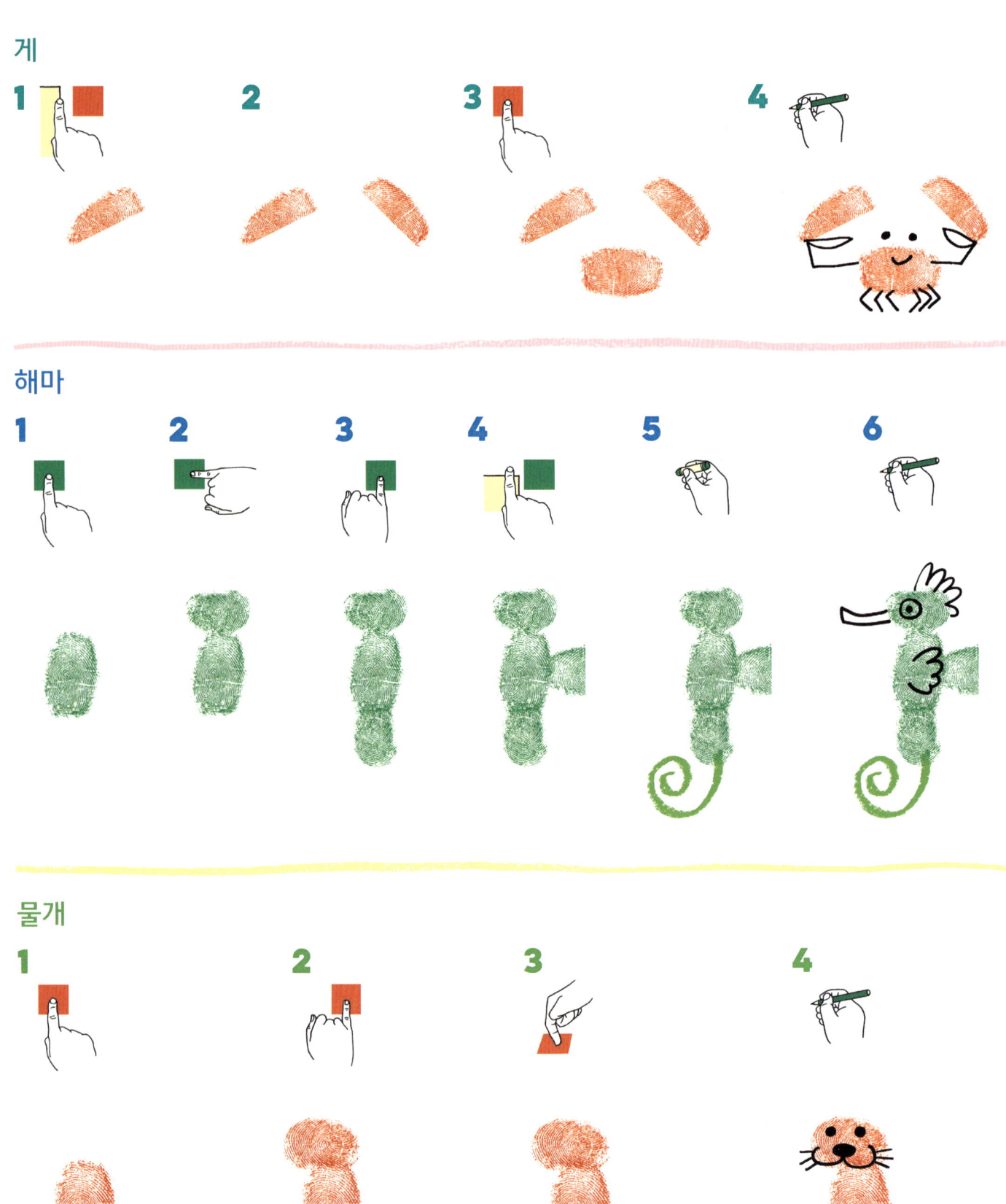

공룡(티라노사우루스 렉스)

공룡(벨로시랩터)

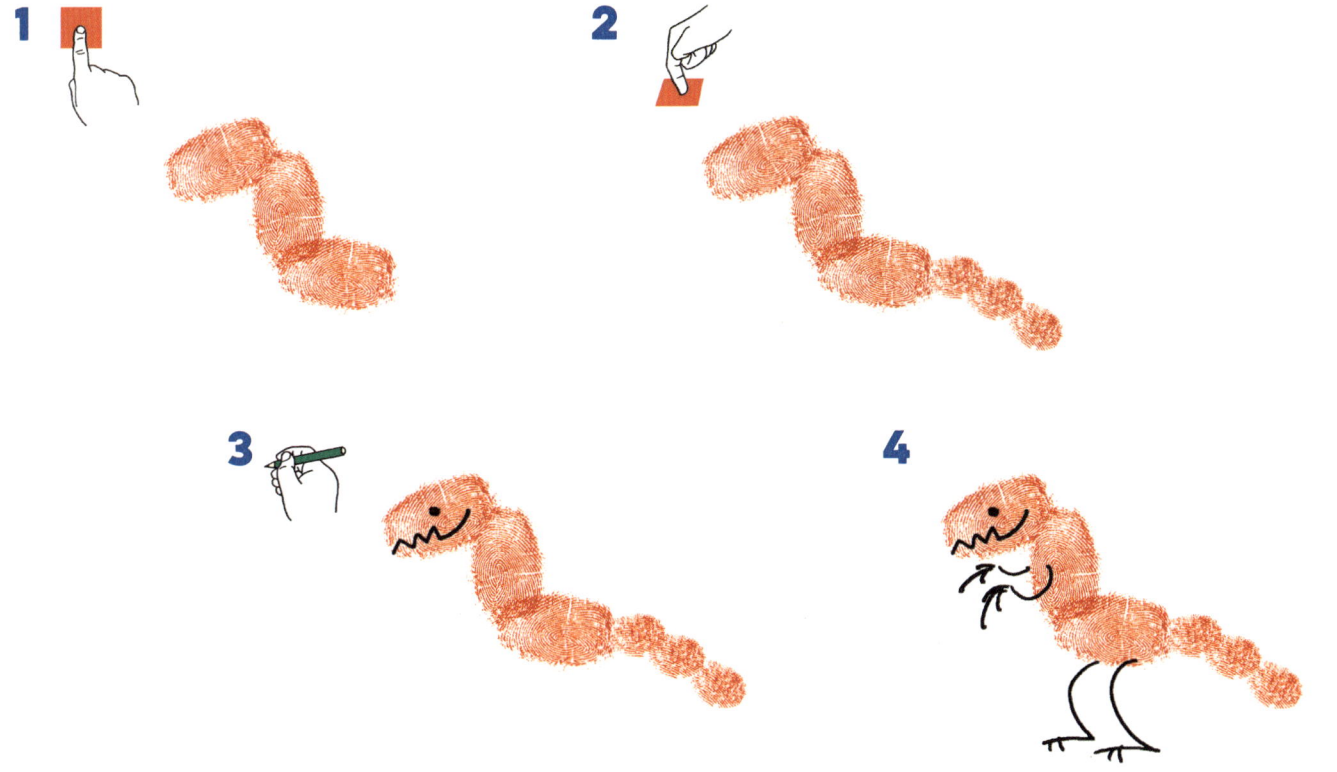

공룡(프테라노돈)

공룡(트리케라톱스)

44

공룡(스테고사우루스)

공룡(브론토사우루스)

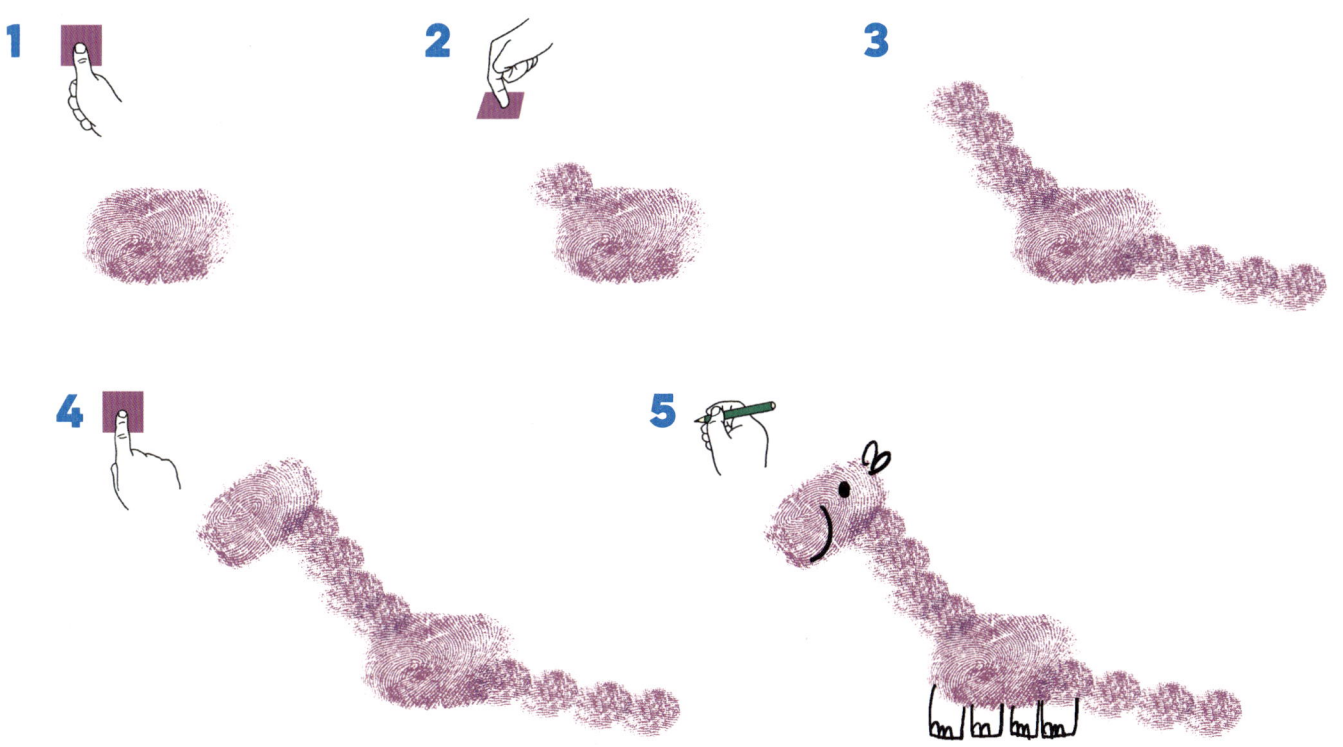

농부 아저씨

농부 아주머니

산지기

수의사

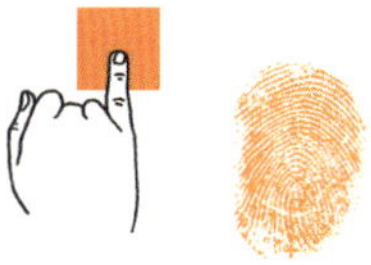

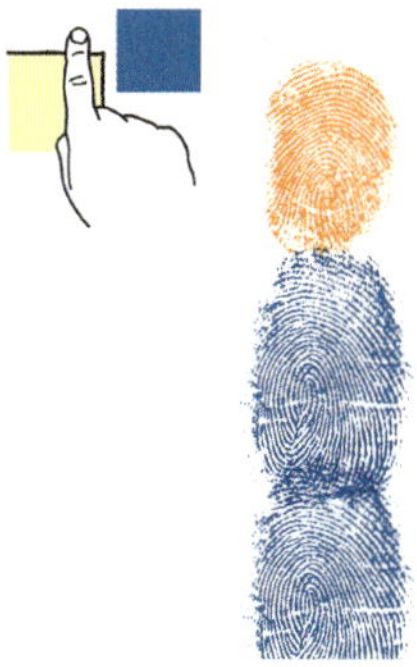

양치기

47

건설 노동자

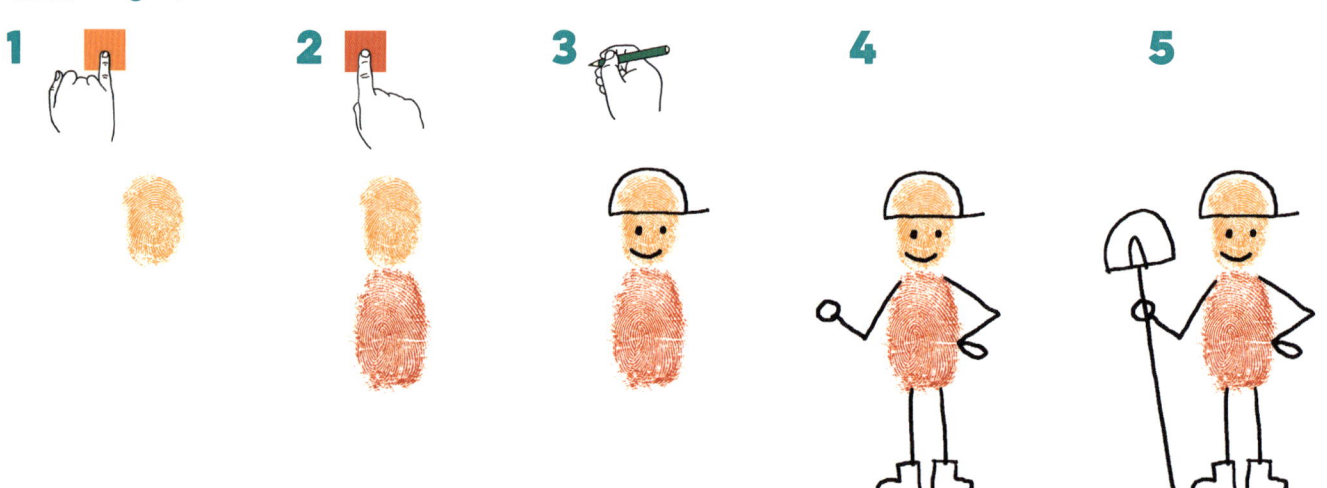

건설 노동자(청소)

건설 노동자(망치질)

건설 노동자(땅 파기)

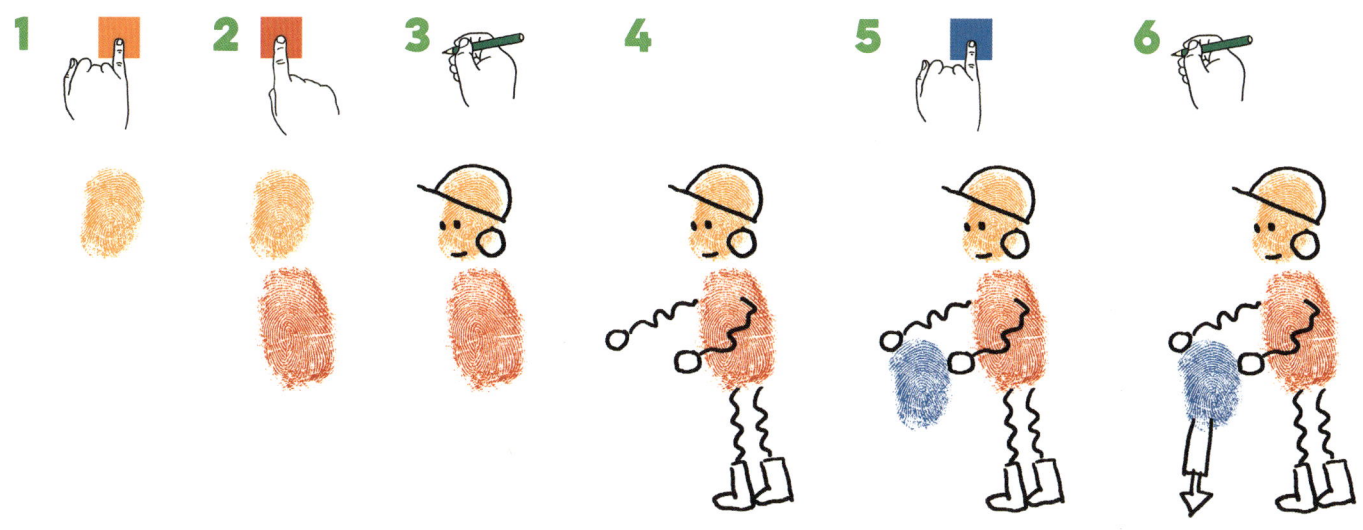

건설 노동자(땅 고르기)

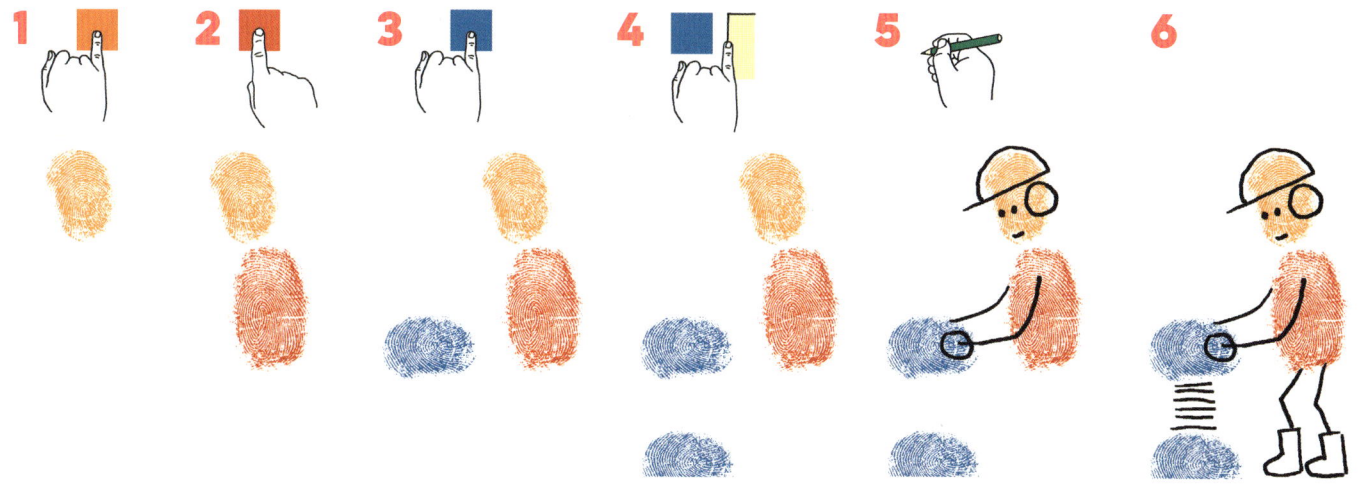

건설 노동자(페인트 칠하기)

건축가

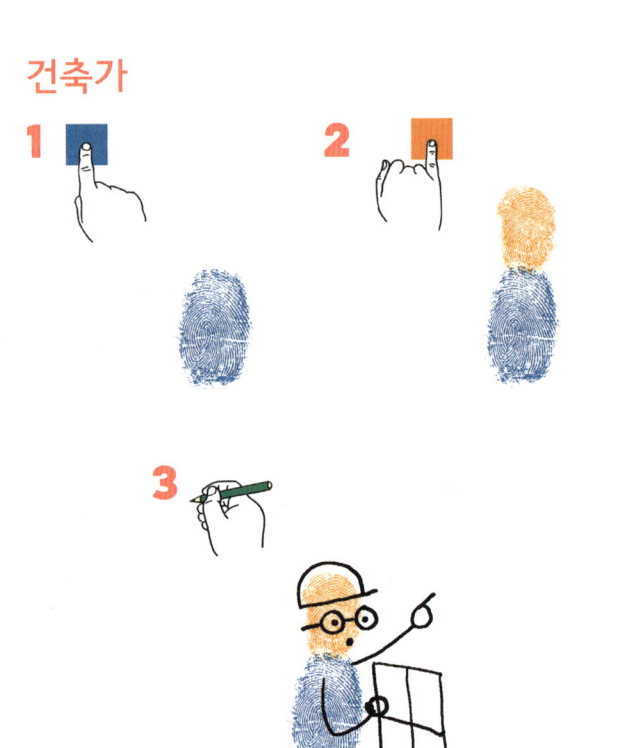

측량사

목수

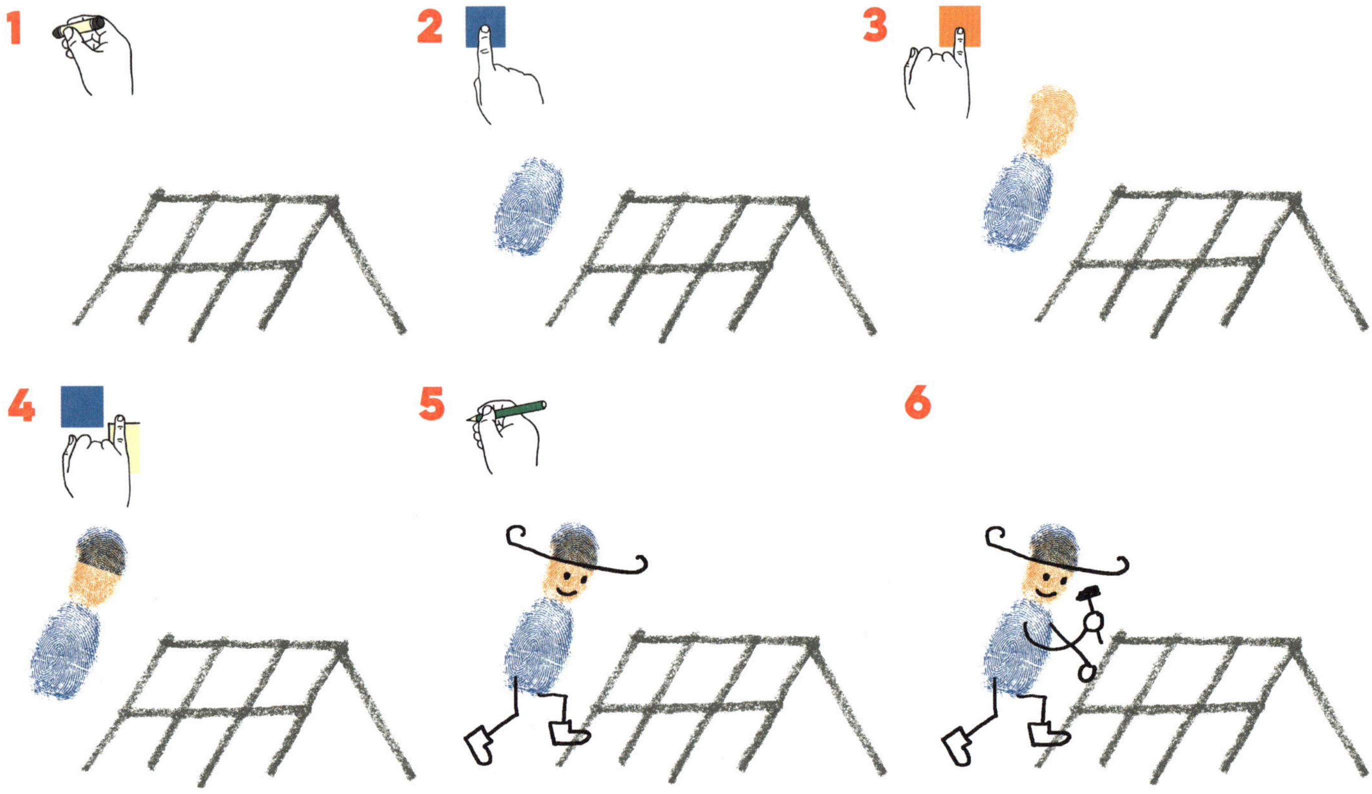

탐험가

의사

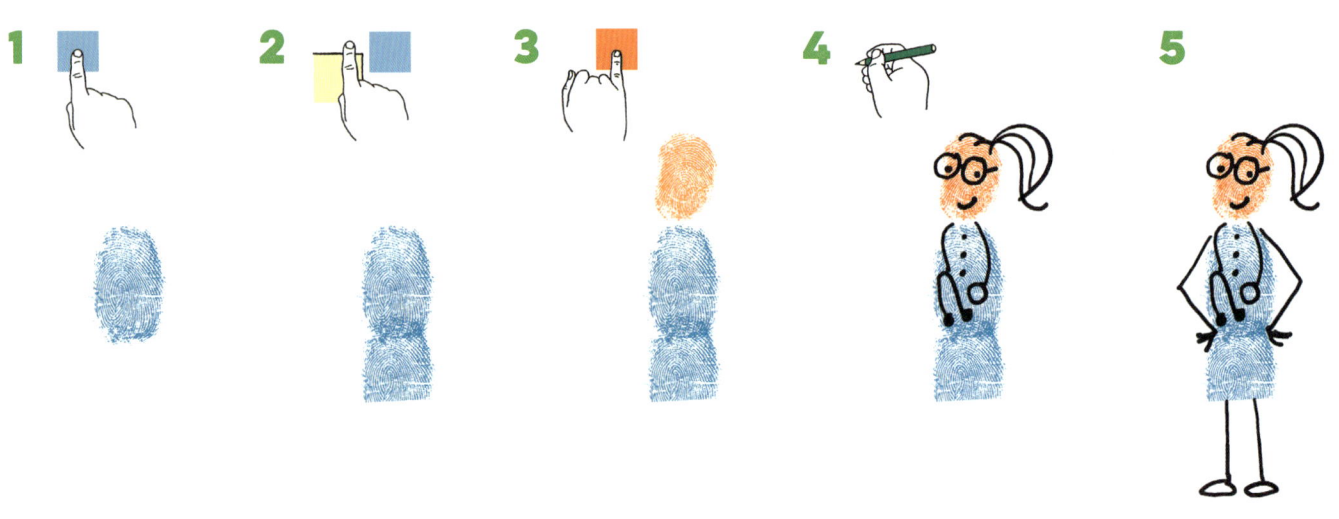

화가

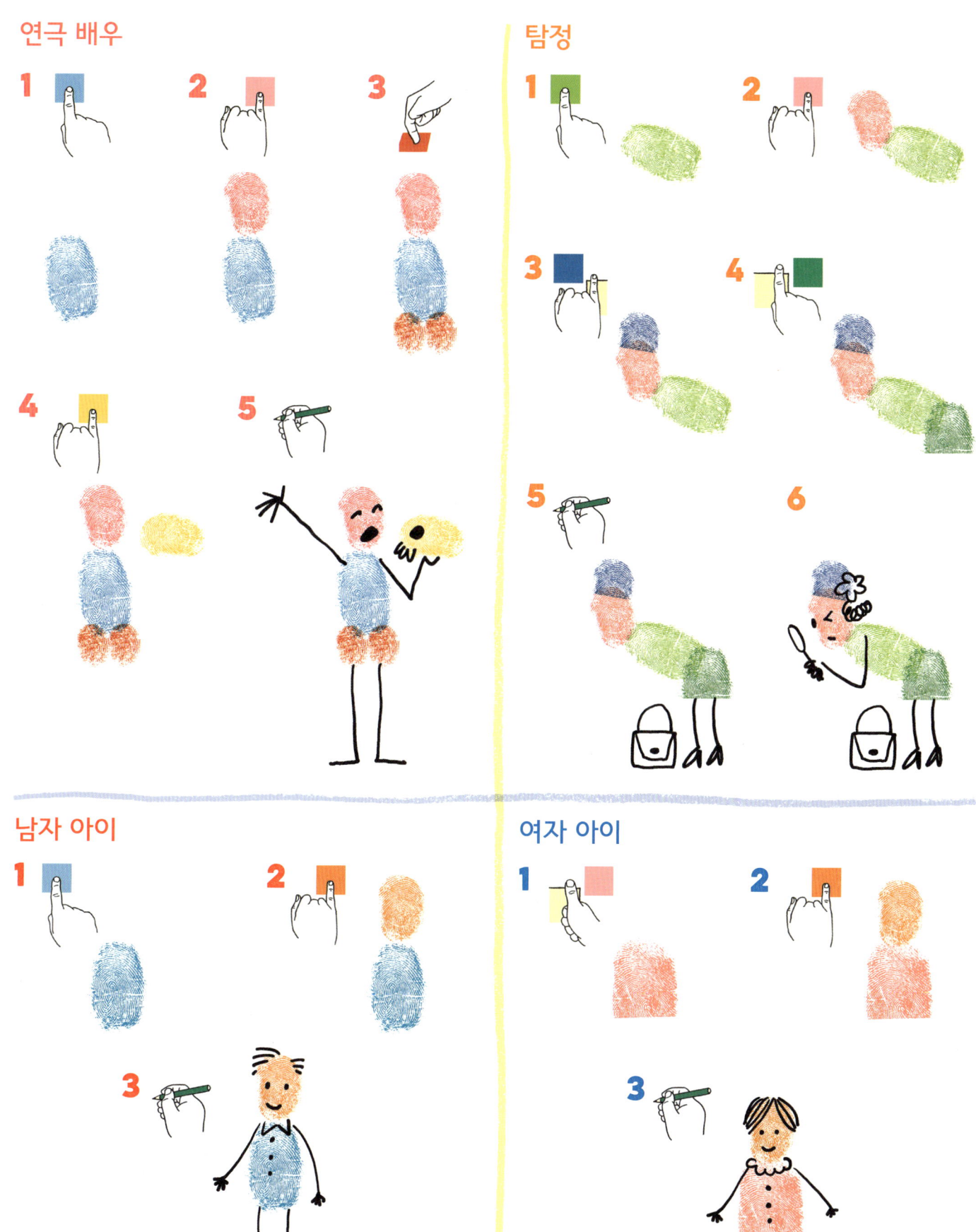

권투 선수

1  2

3

축구 선수

1  2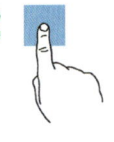

3

테니스 선수

1  2

3

골프 선수

1

3

스키 선수

1 2

3

썰매 타는 사람

스케이트 선수

잠수부

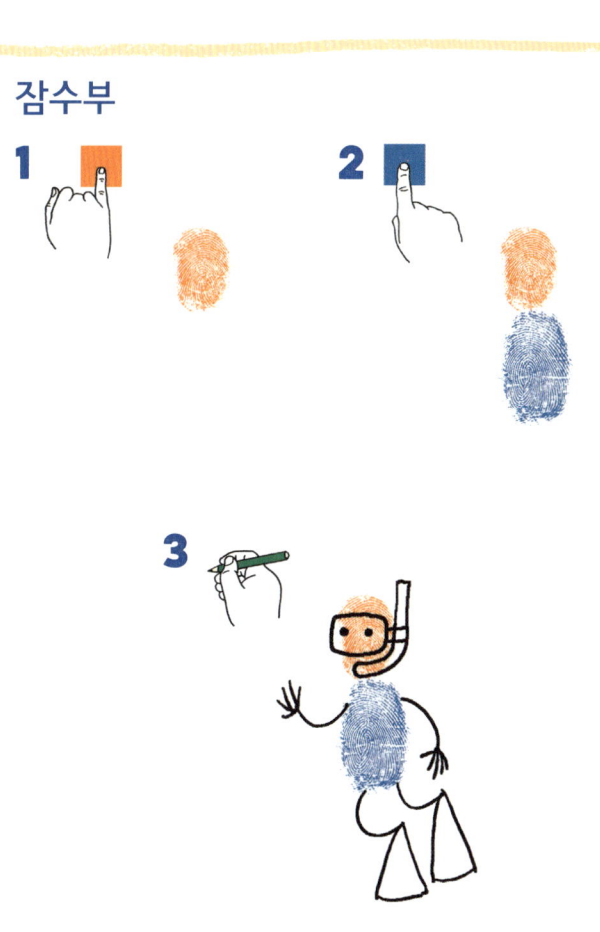

심해 잠수부

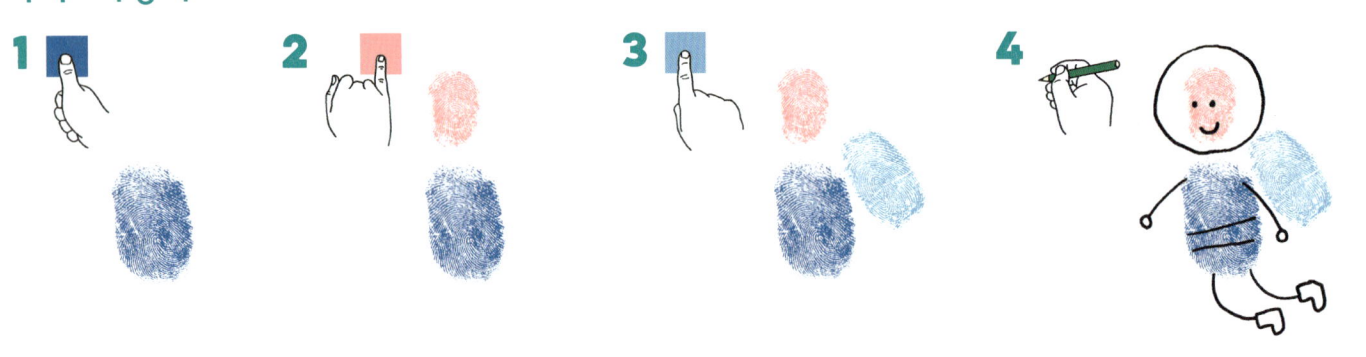

우주 비행사

스카이다이버

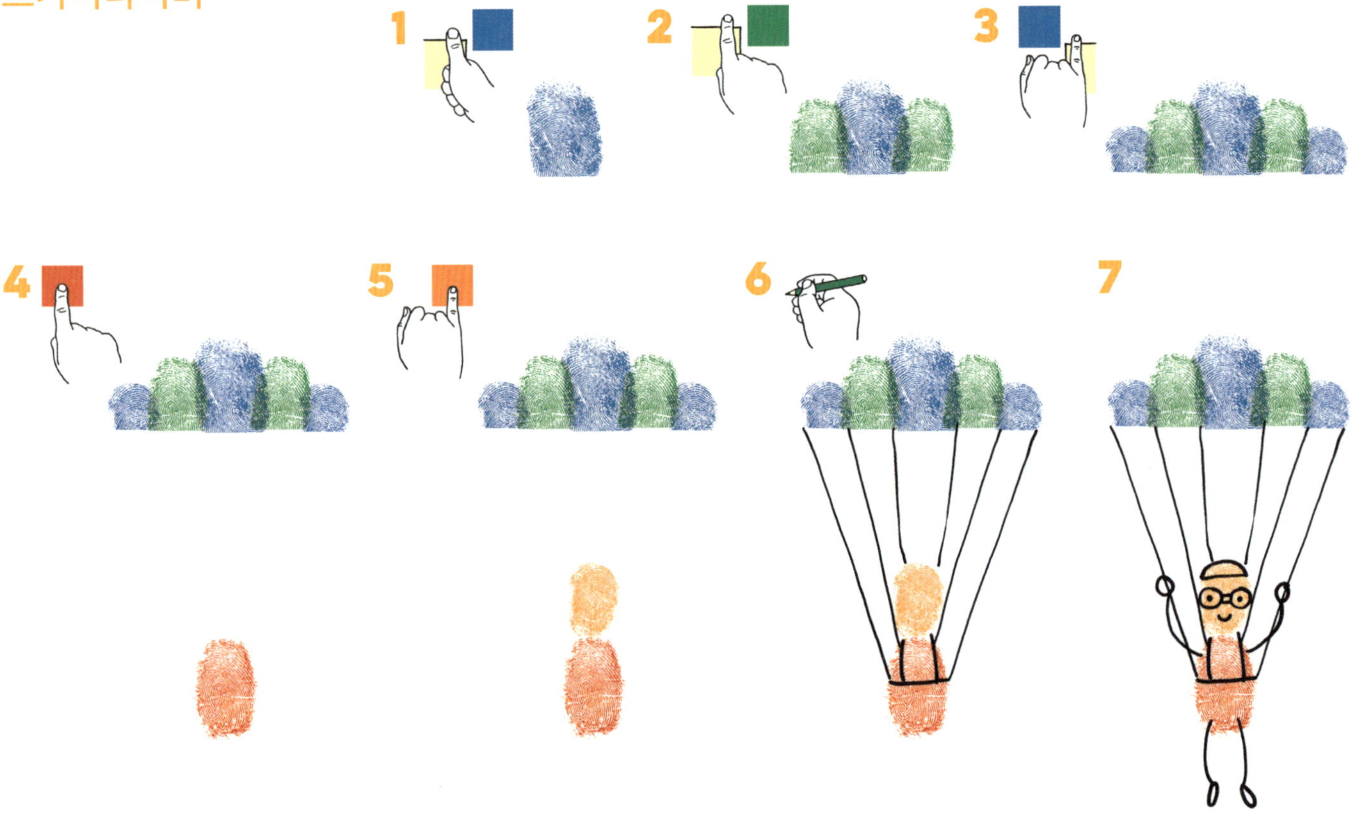

경찰관

도둑

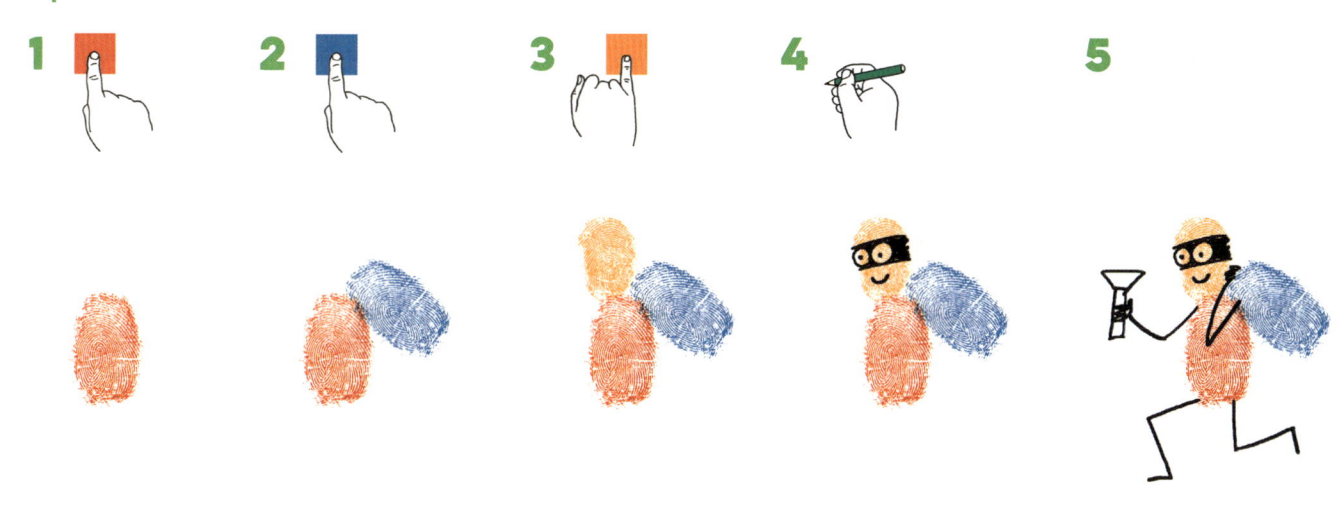

강도

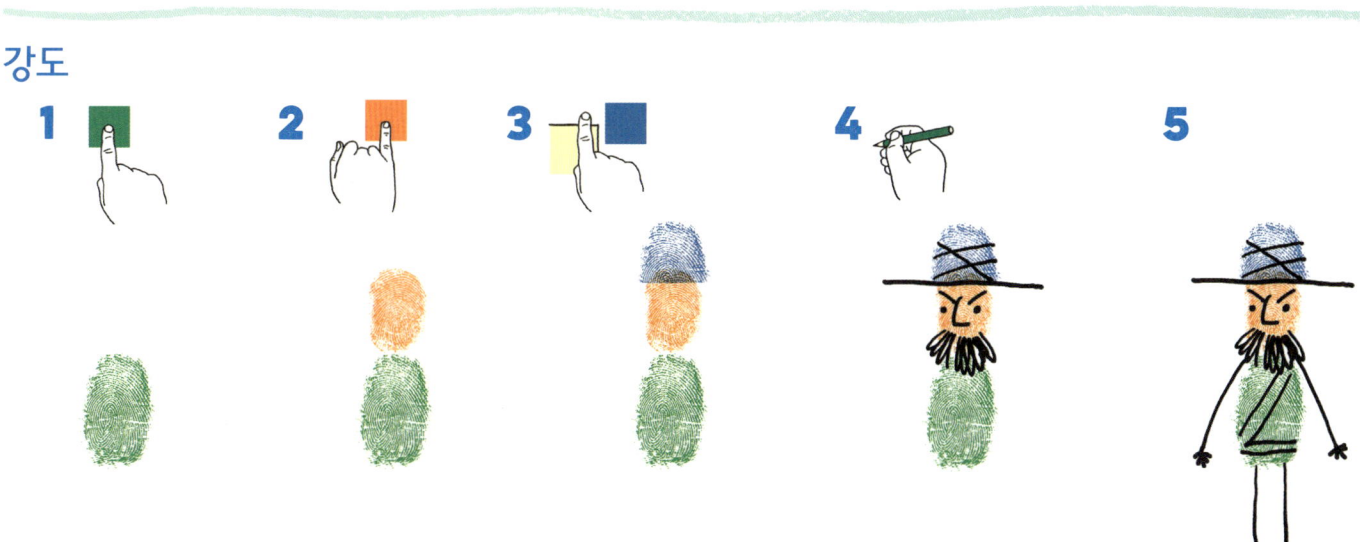

서커스 단장

곡예사 (저글러)

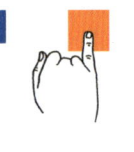

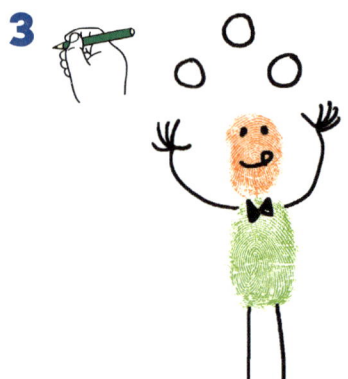

광대

괴짜 과학자

슈퍼히어로

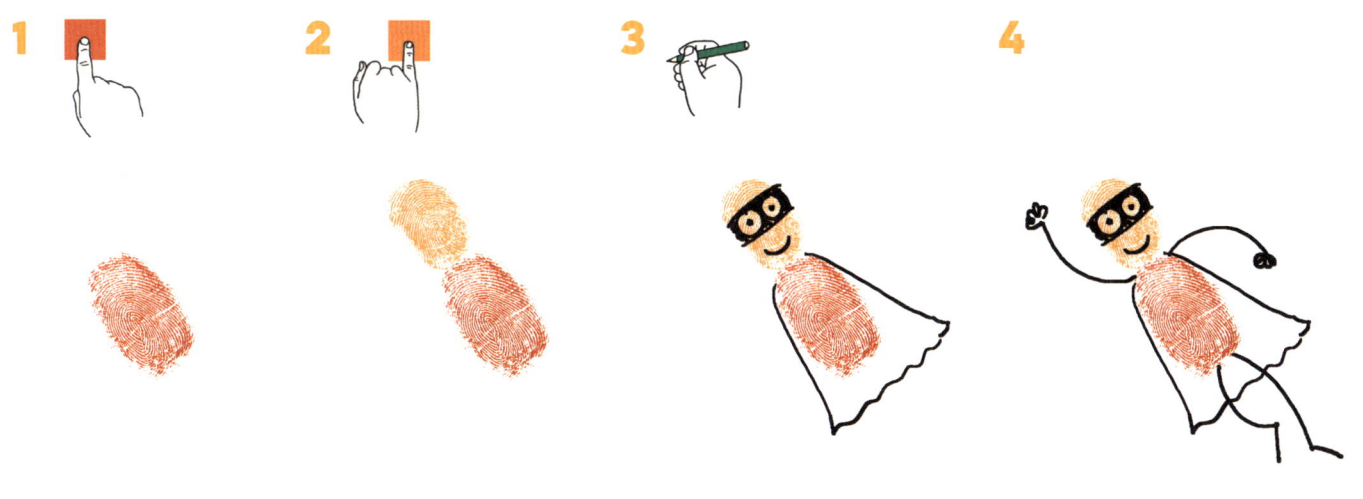

타잔

여자 인디언

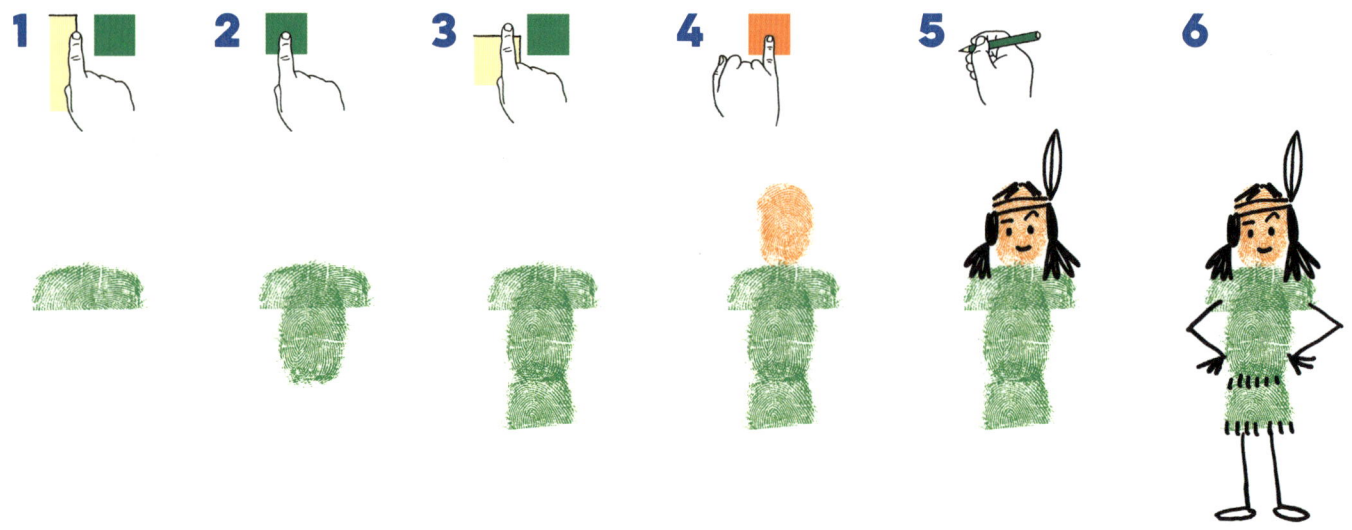

남자 인디언

카우보이

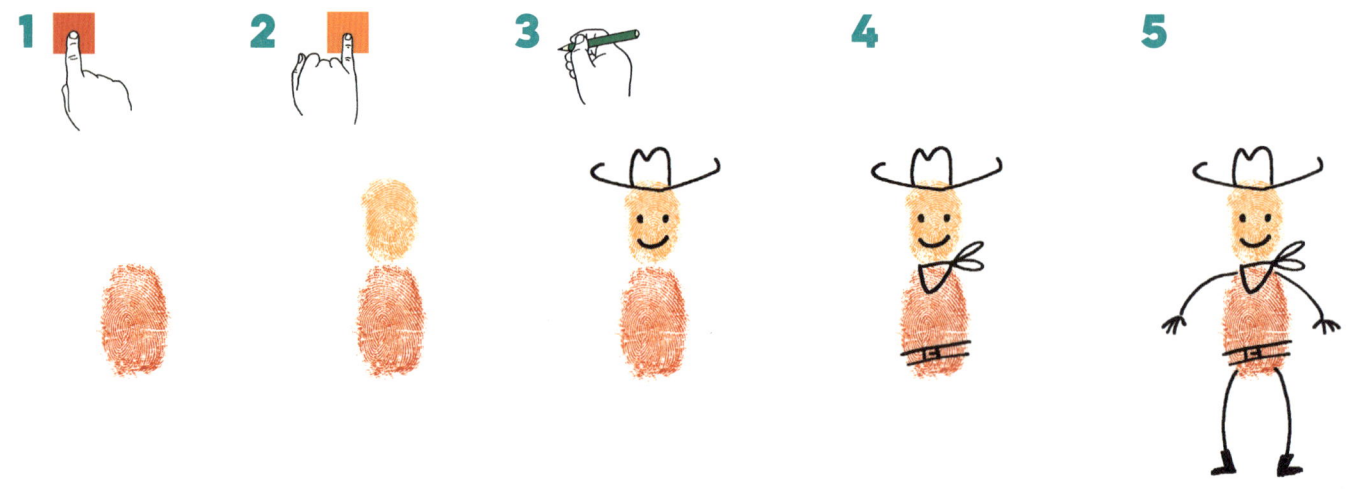

남자 바이킹

1 2 3 4
5 6 7

여자 바이킹

1 2 3
4 5 6

해적

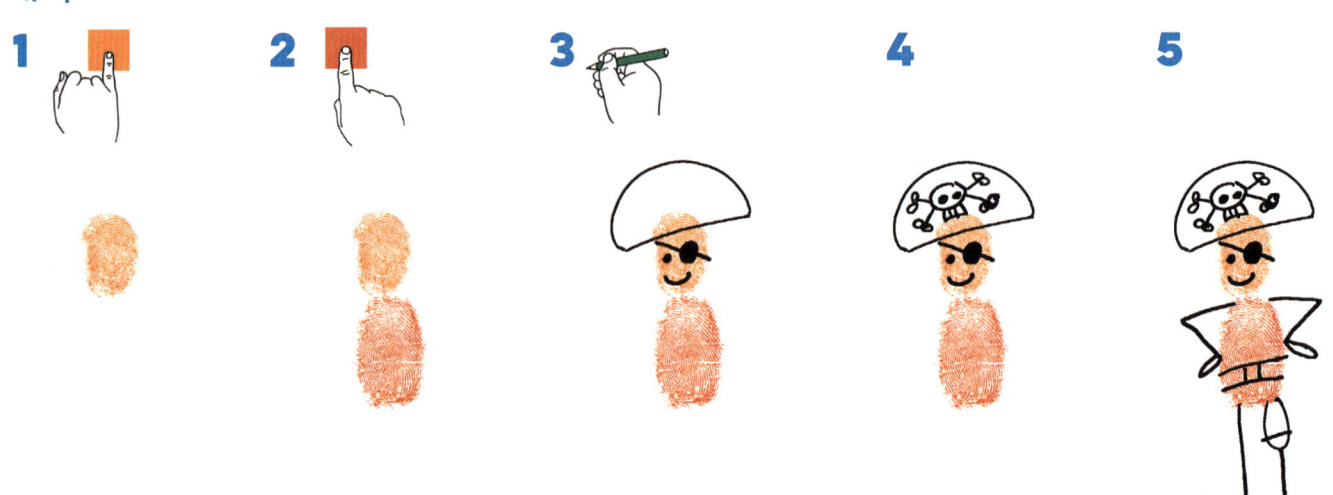

술탄(터키 황제)

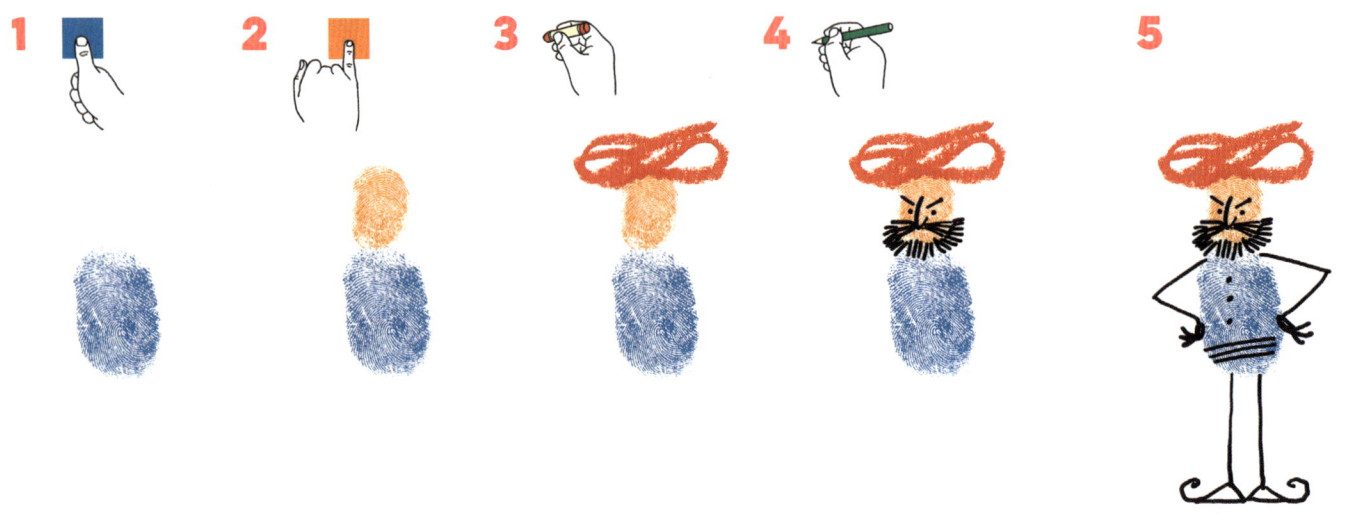

기사

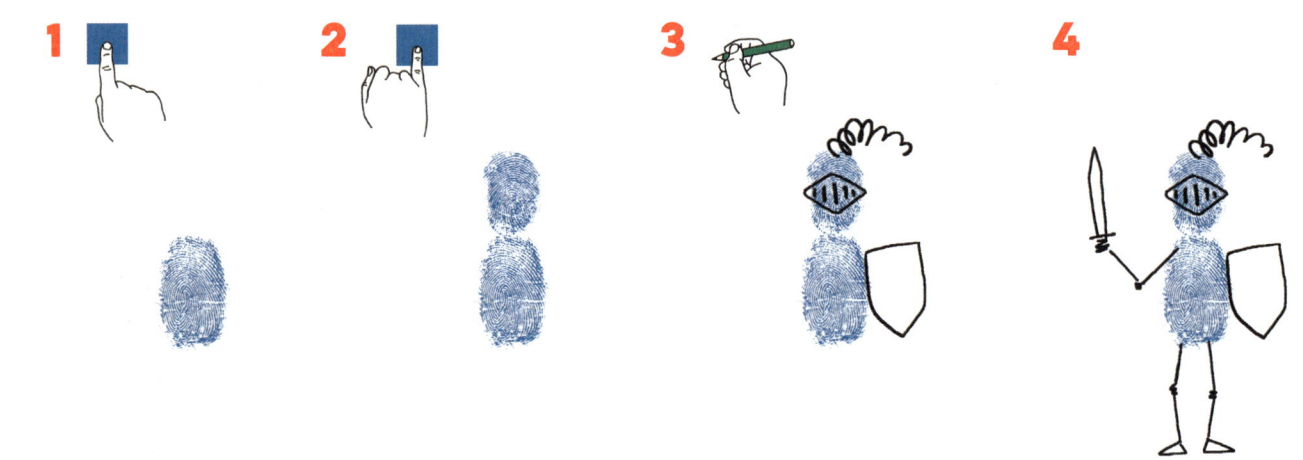

공주

왕

왕자

외계인-1

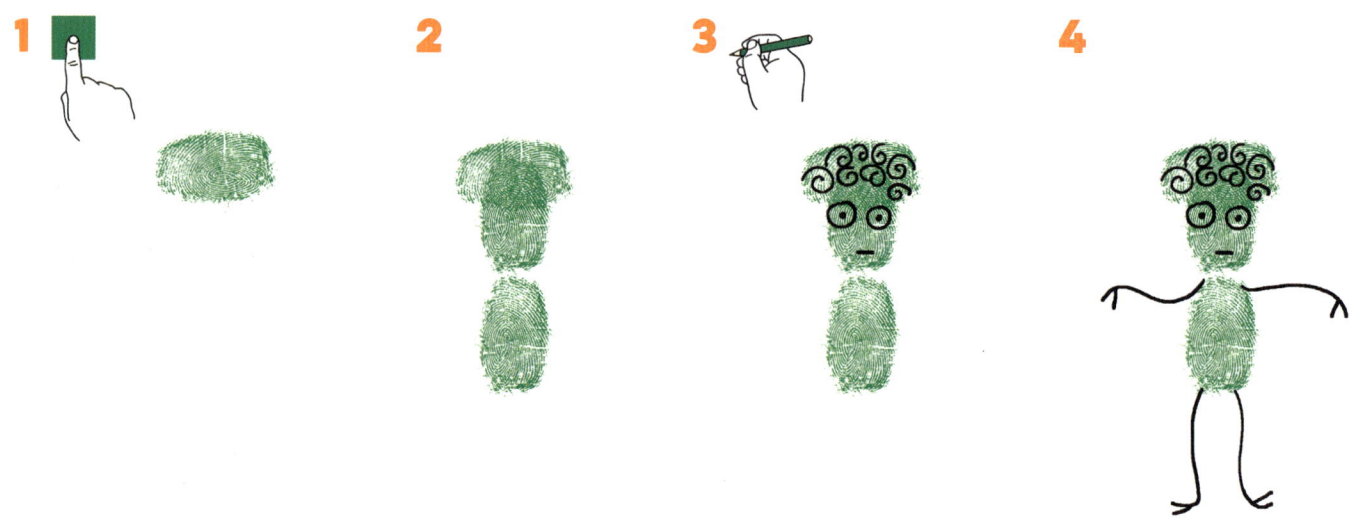

외계인-2

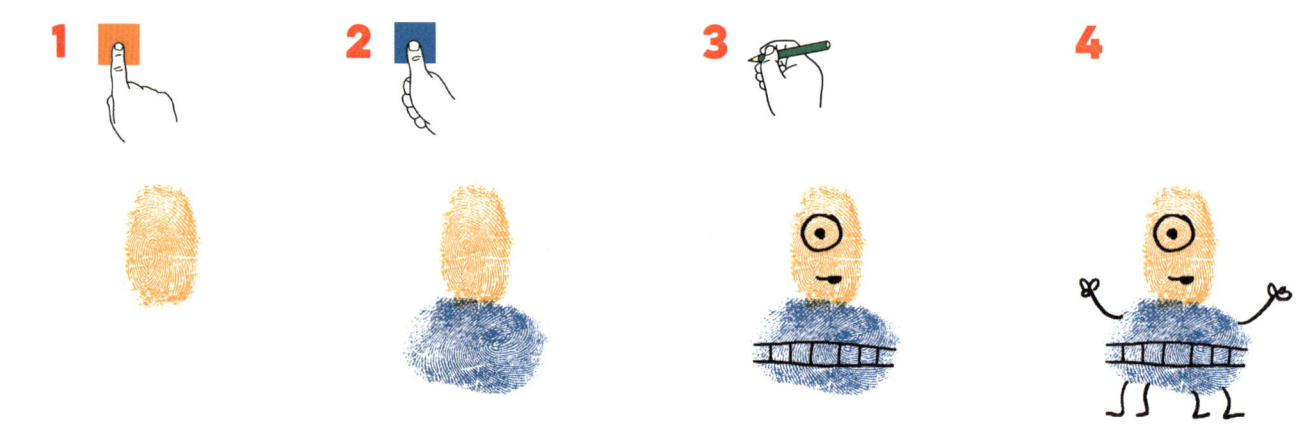

외계인-3

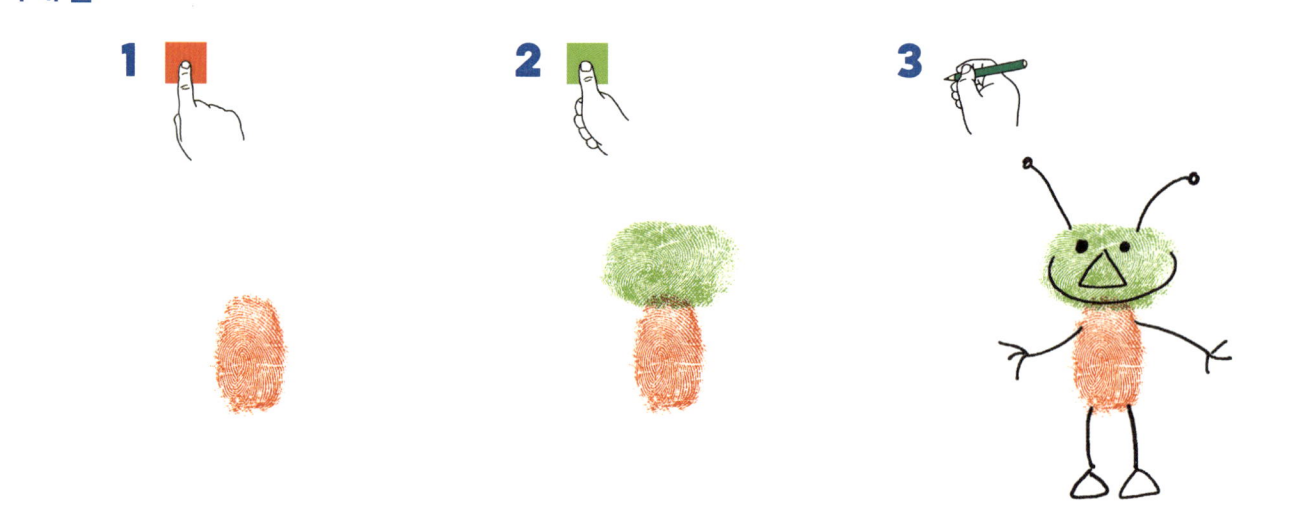

로봇-1

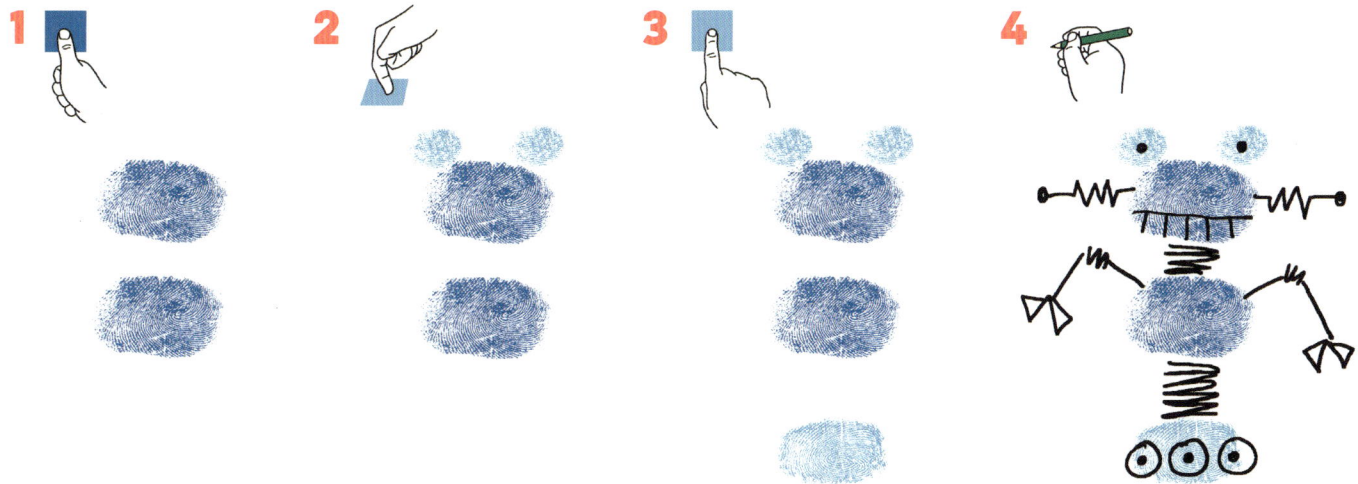

로봇-2

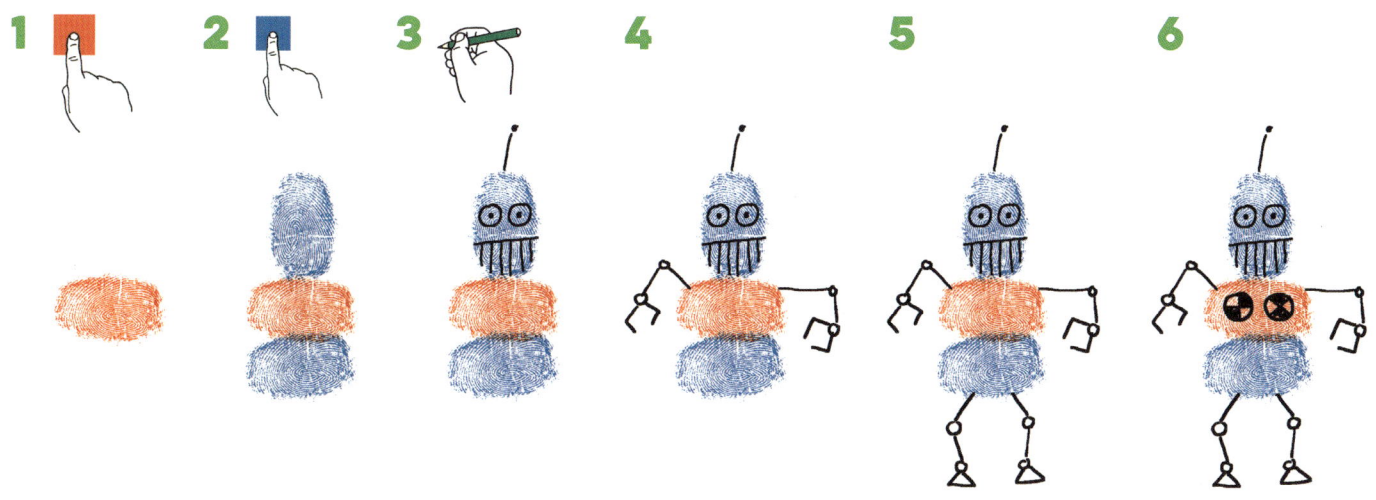

로봇-3

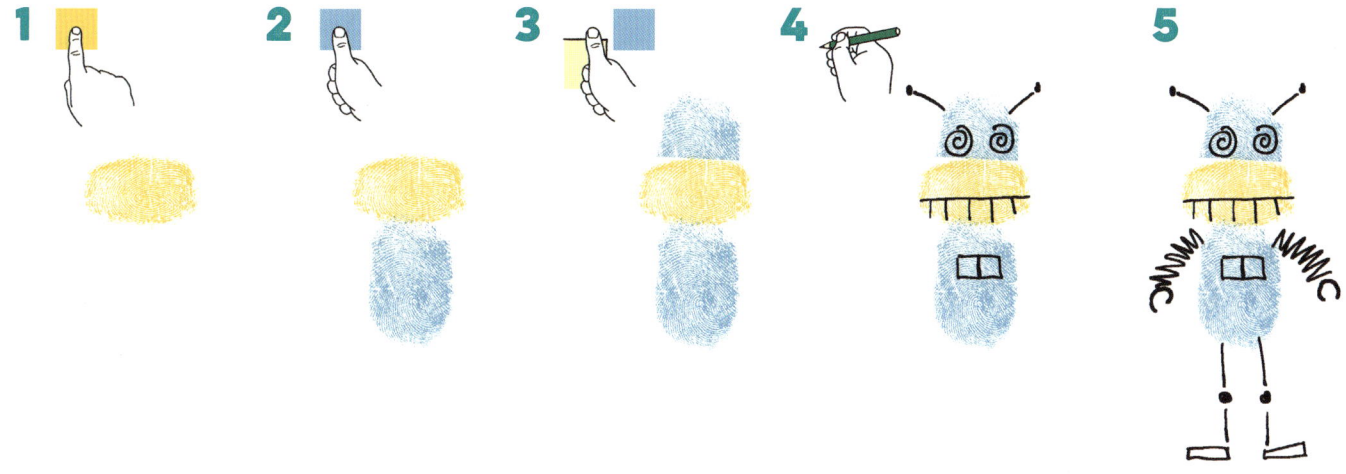

유령

머리 없는 유령

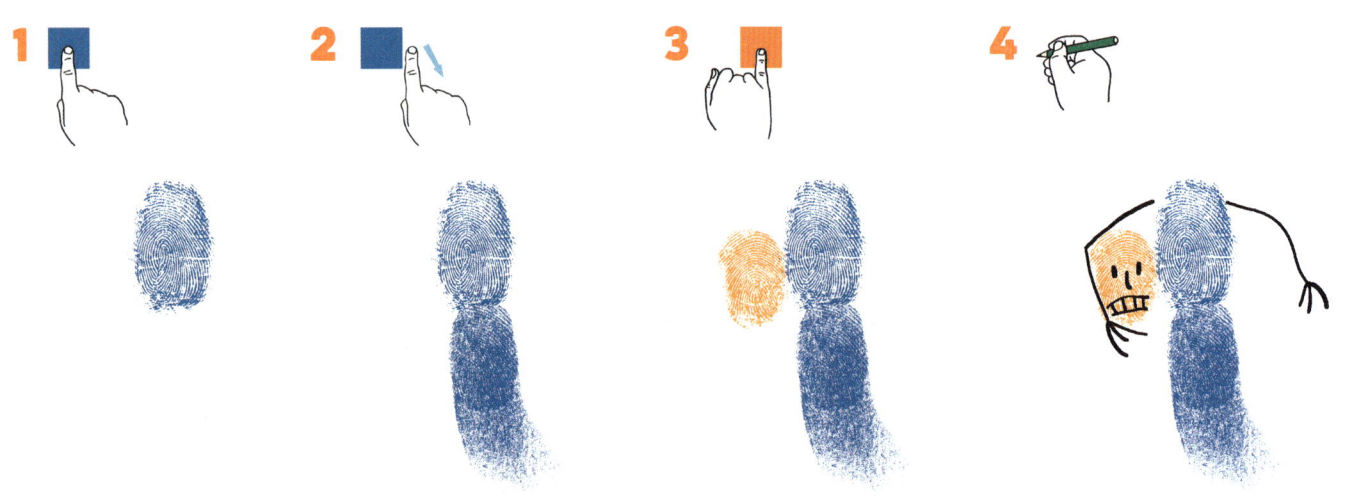

해골

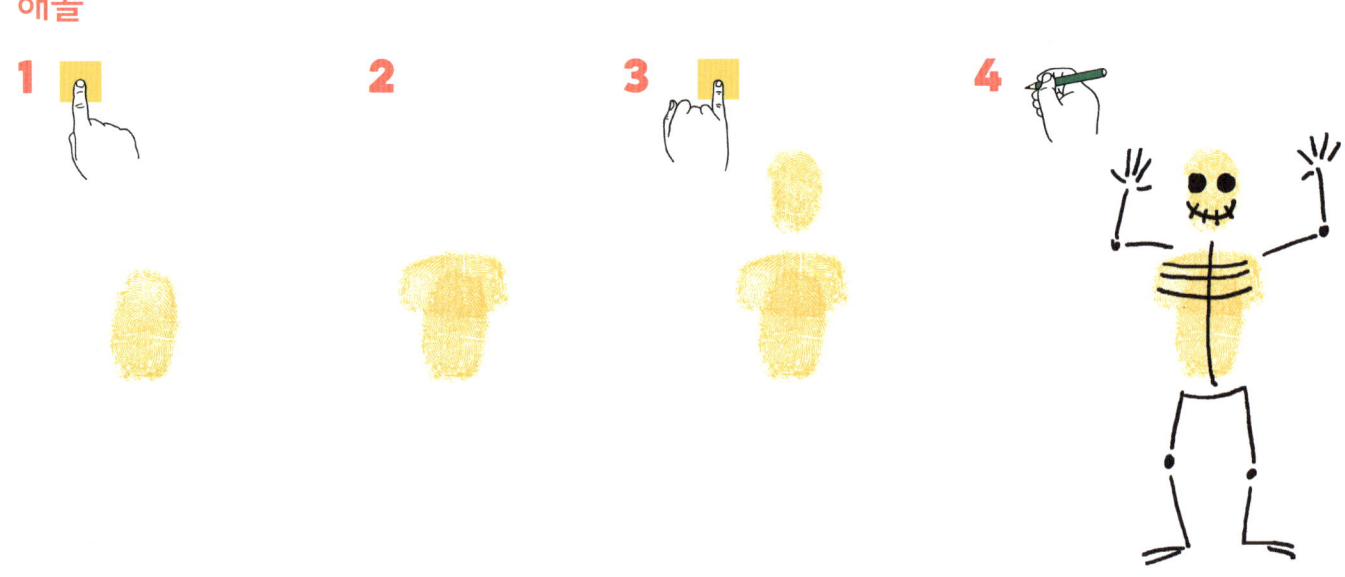

뱀파이어

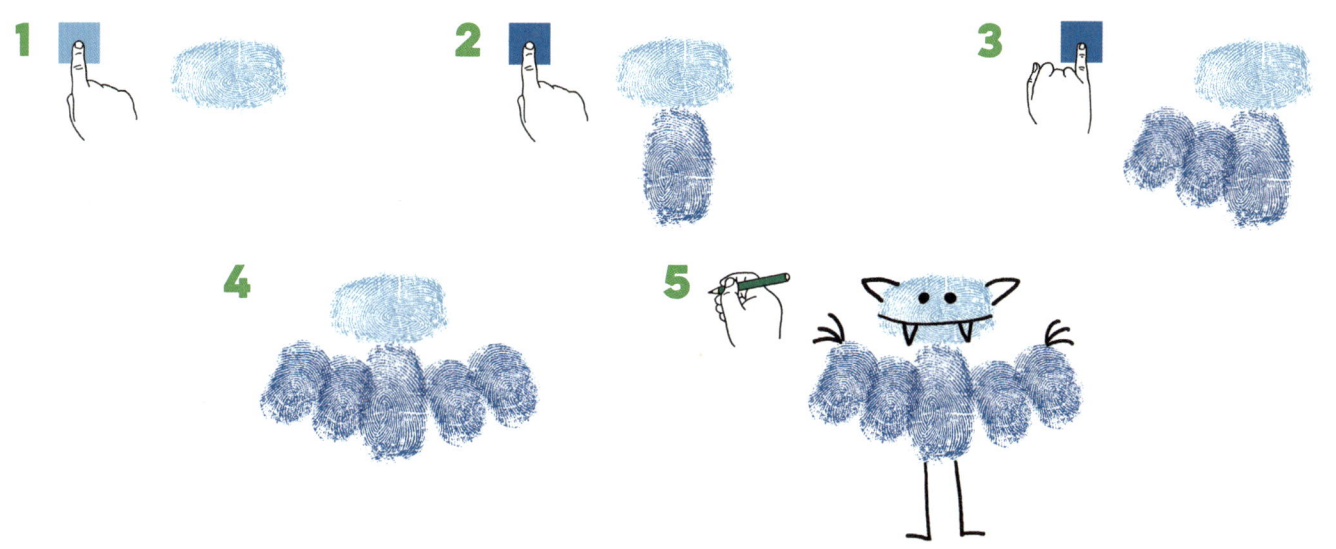

드라큘라

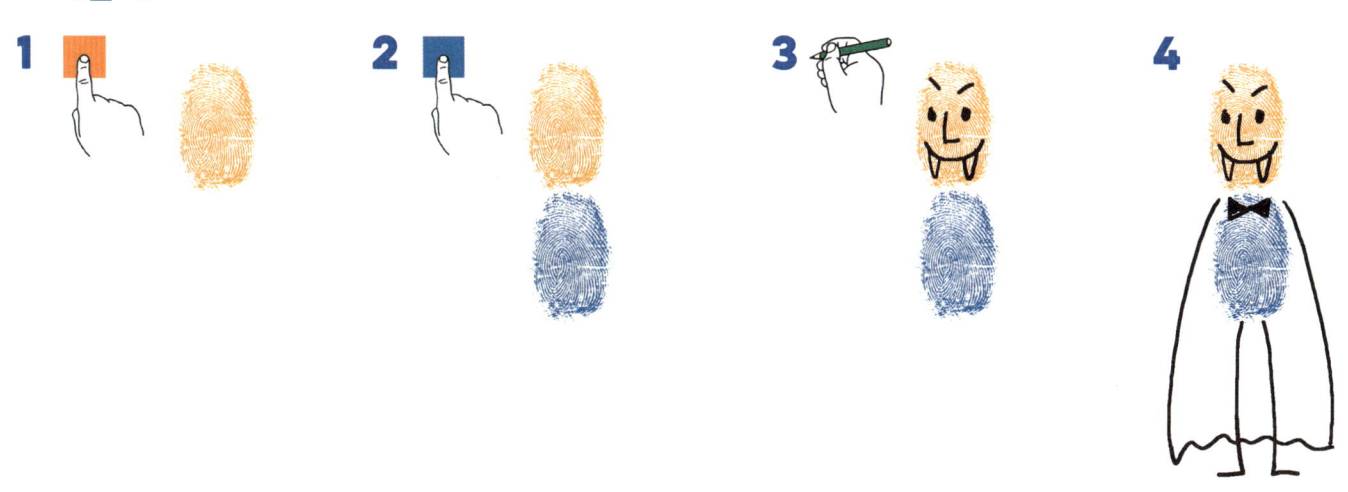

좀비

미라

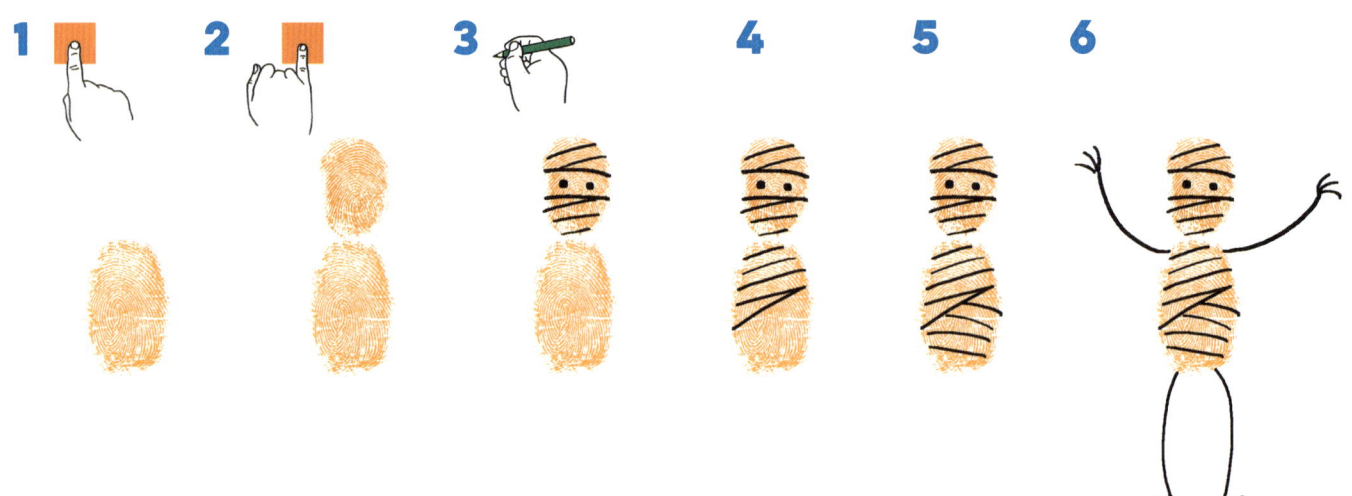

늑대 인간

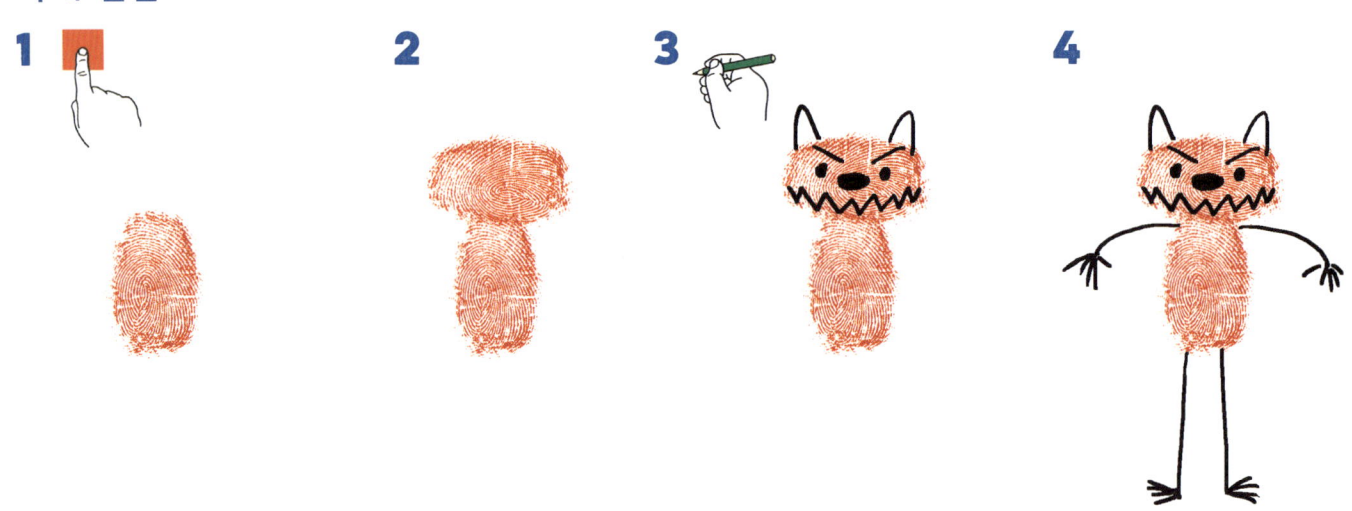

프랑켄슈타인 괴물

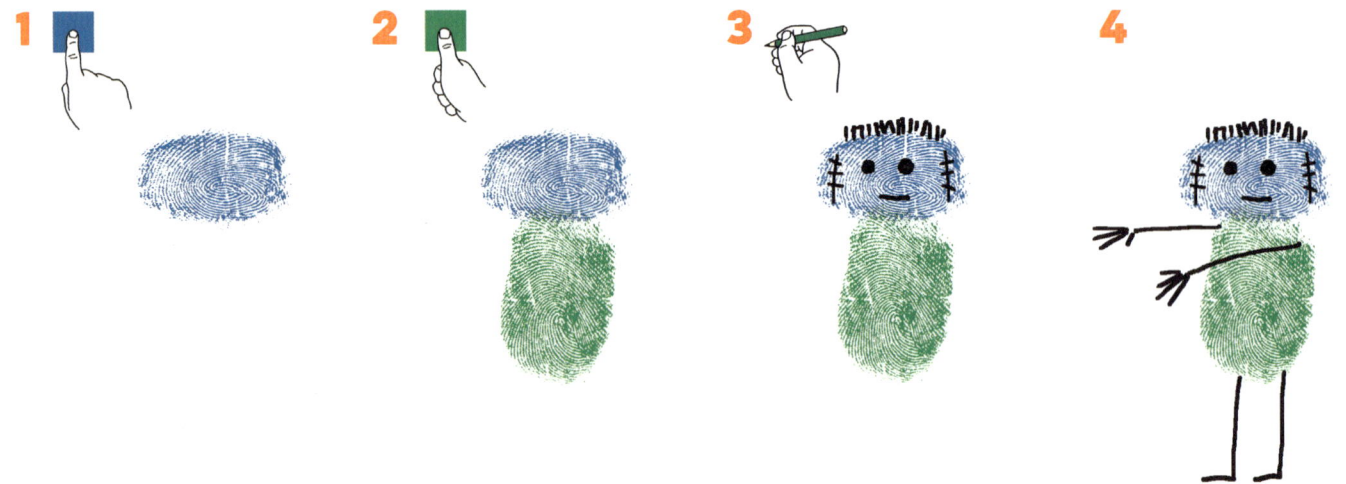

가고일 (괴물 형상의 장식물)

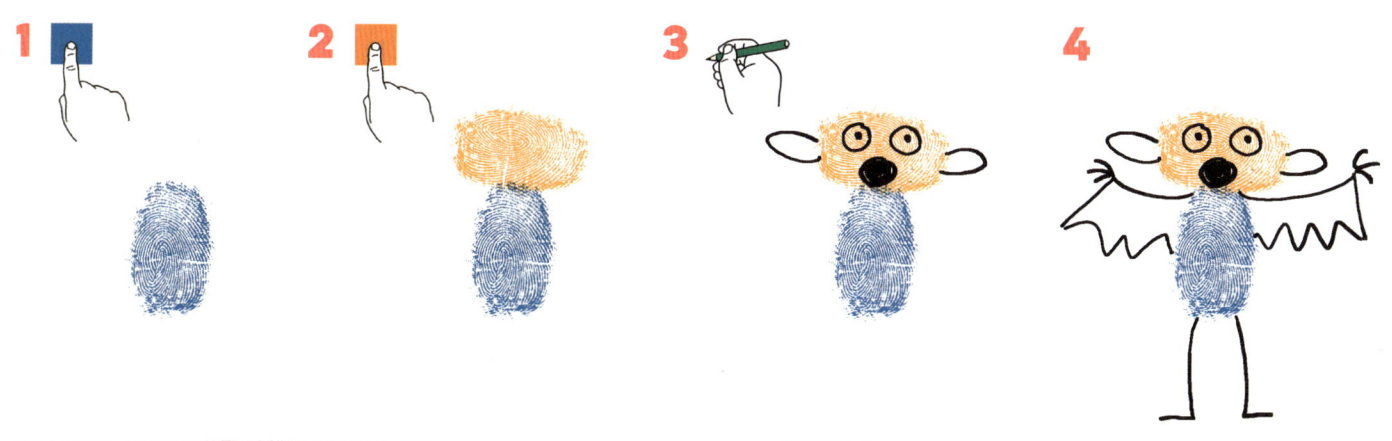

외눈박이 거인

킹콩

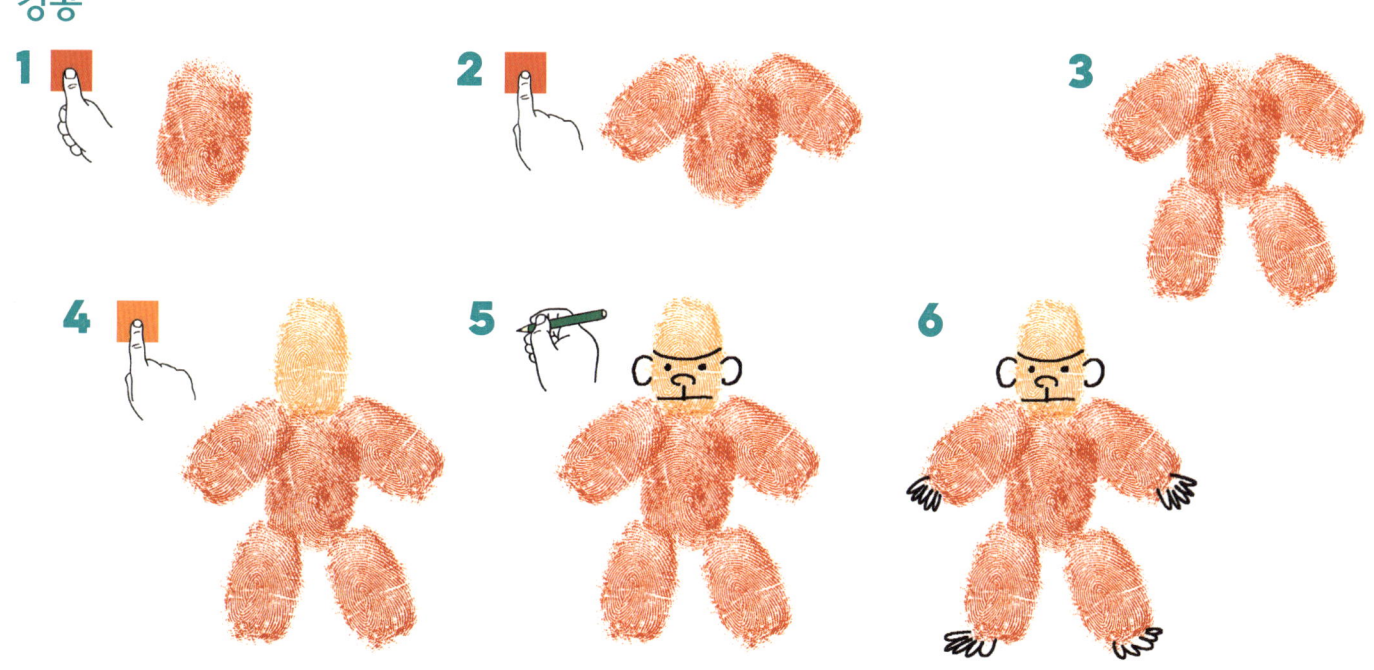

예티(히말라야 산맥의 괴물)

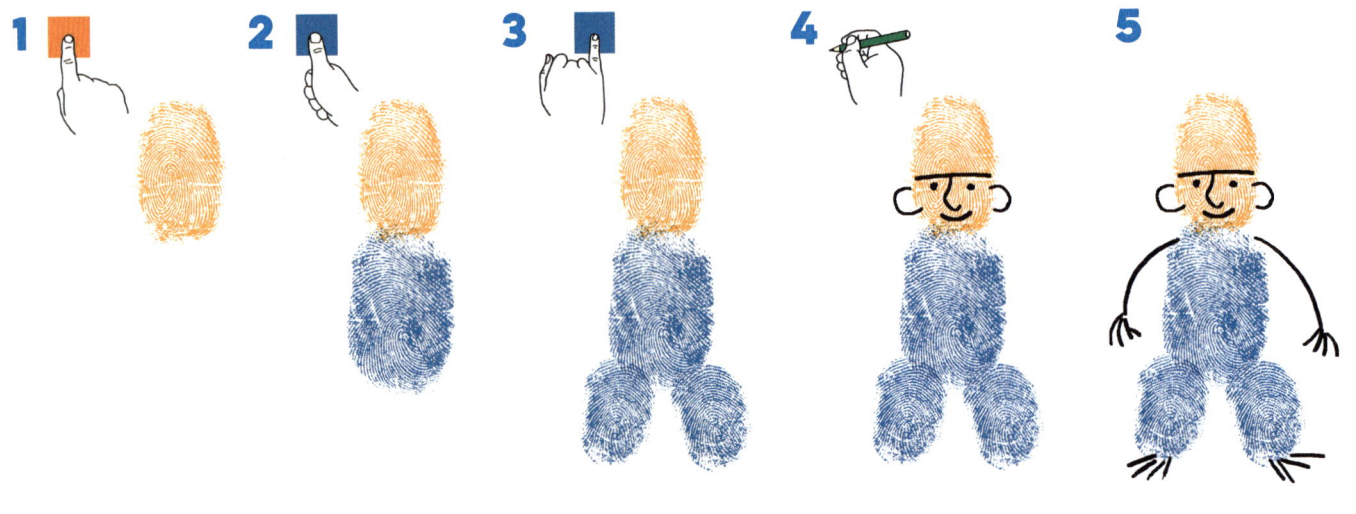

판(그리스 신화에 나오는, 반은 인간이고 반은 염소인 목축의 신)

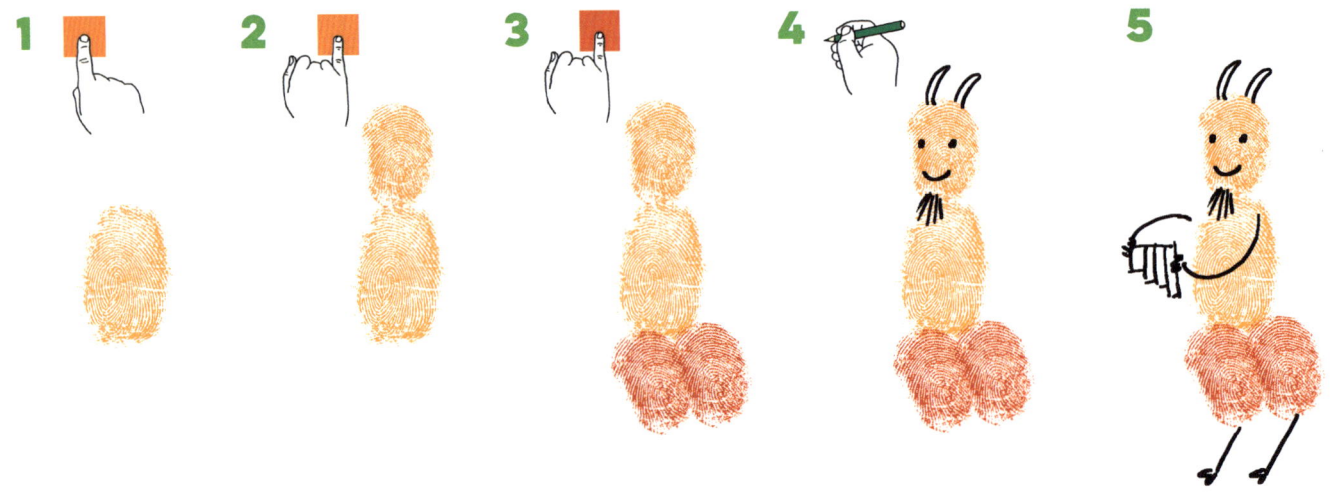

켄타우루스(그리스 신화에 나오는, 상체는 인간이고 하체는 말인 괴물)

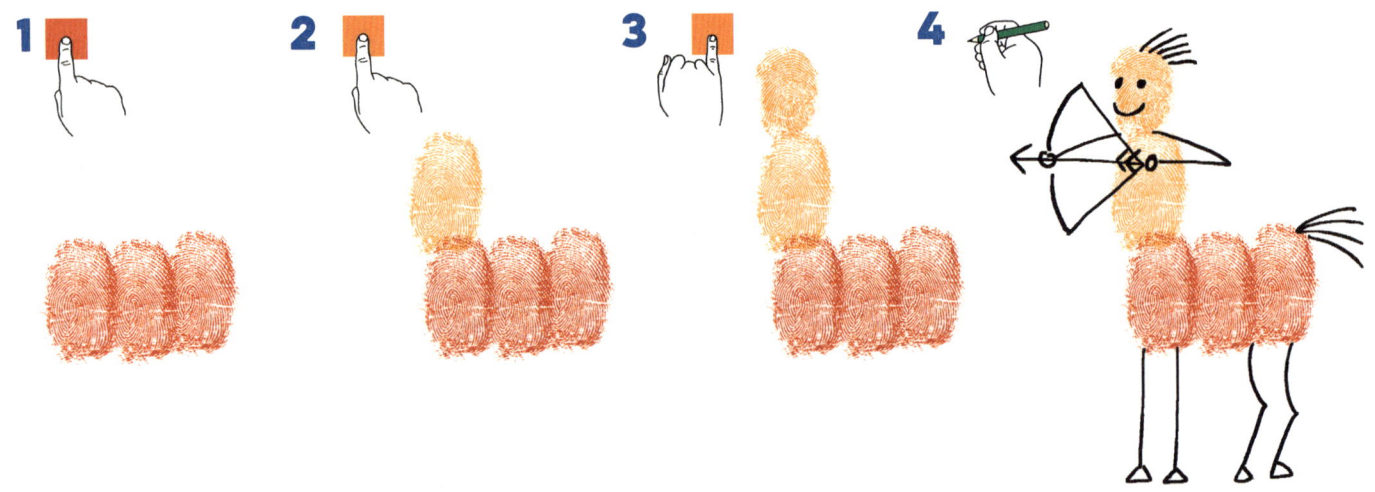

스핑크스 (그리스 신화에 나오는, 몸은 사자이고 얼굴은 인간 혹은 신의 형상)

페가수스 (그리스 신화에 나오는, 날개 달린 말)

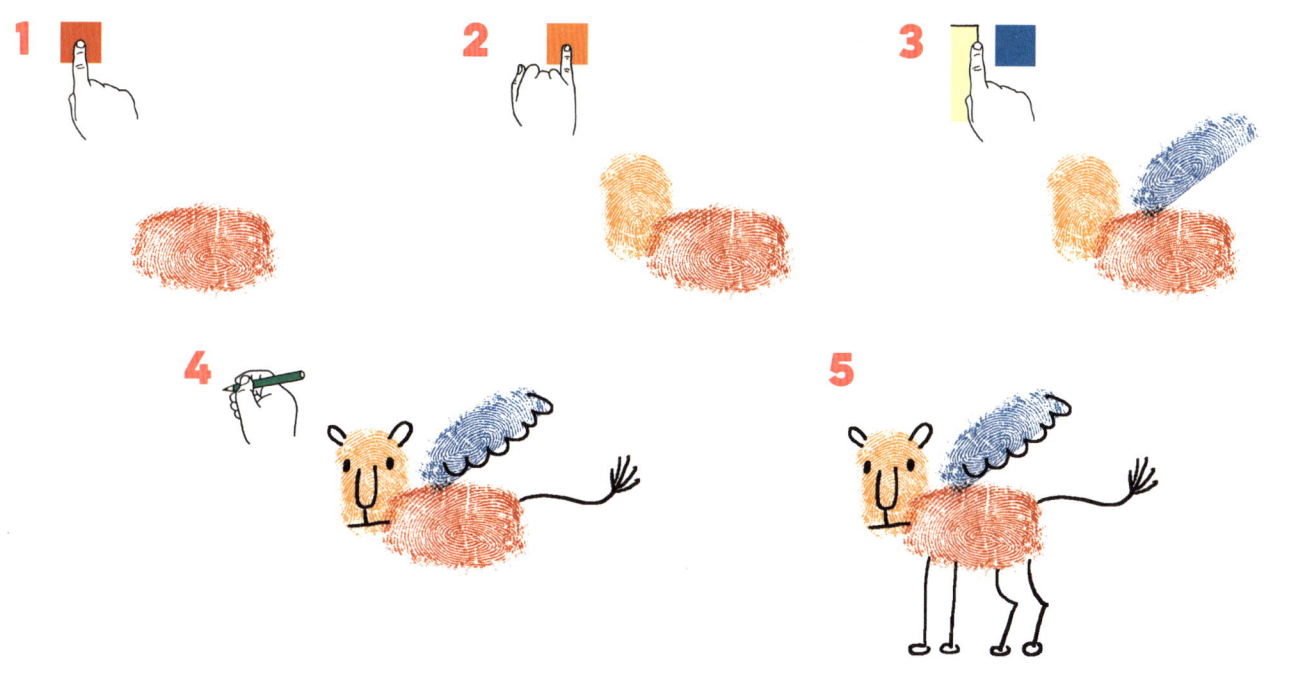

피닉스(그리스 신화에 나오는 불사조)

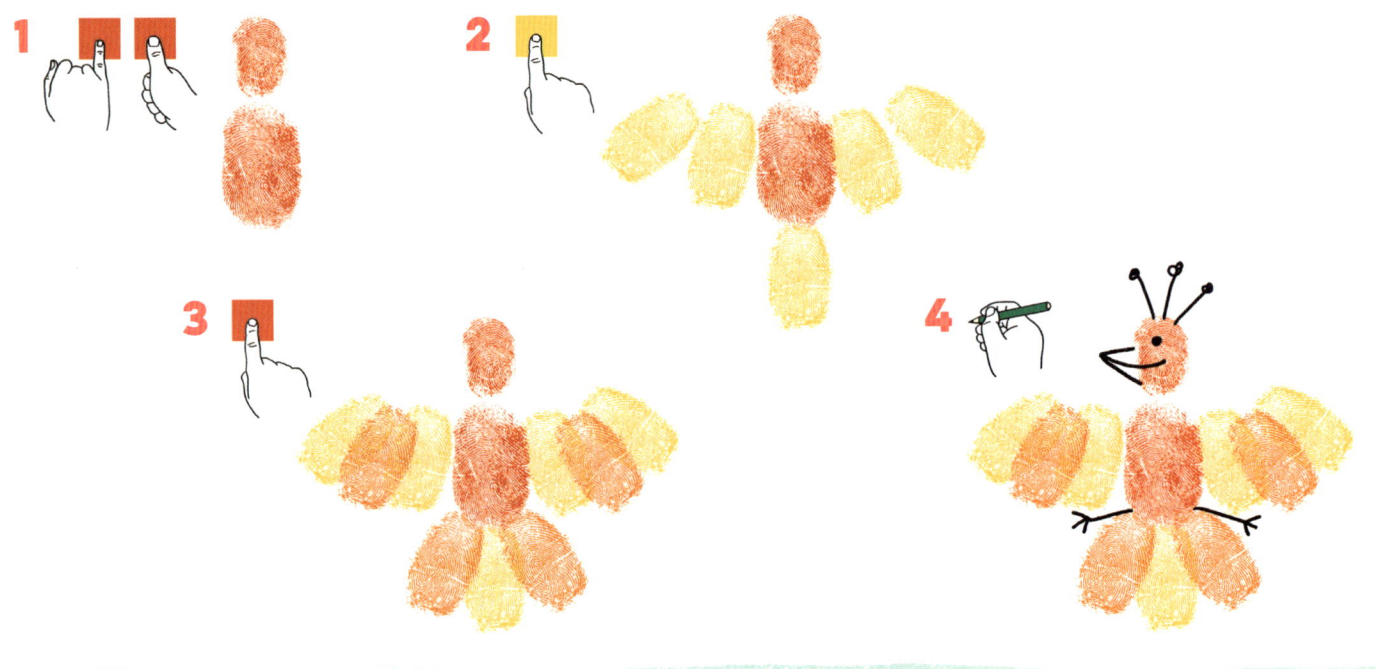

그리프(그리스 신화에 나오는 사자의 몸통과 독수리의 머리·날개를 가진 괴물)

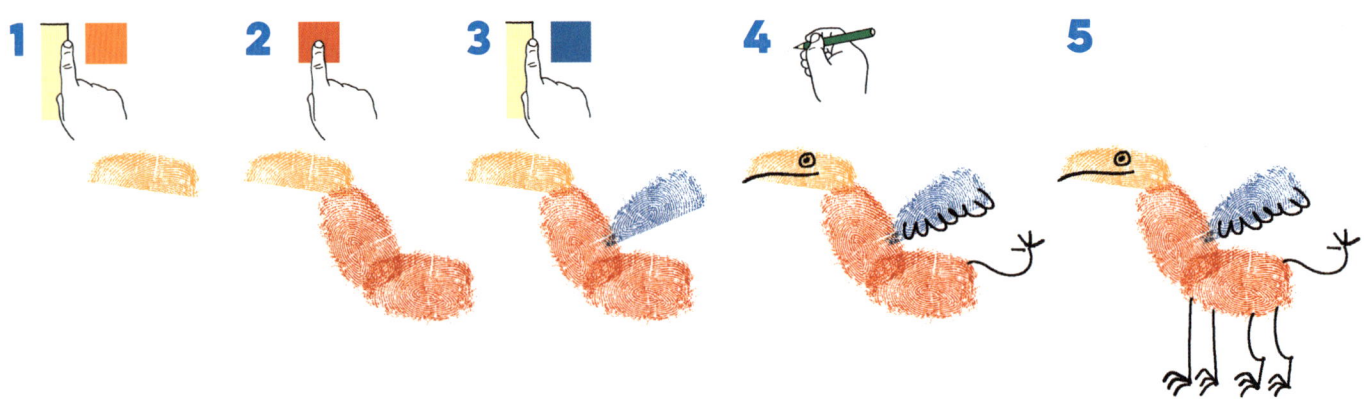

무지개 뱀

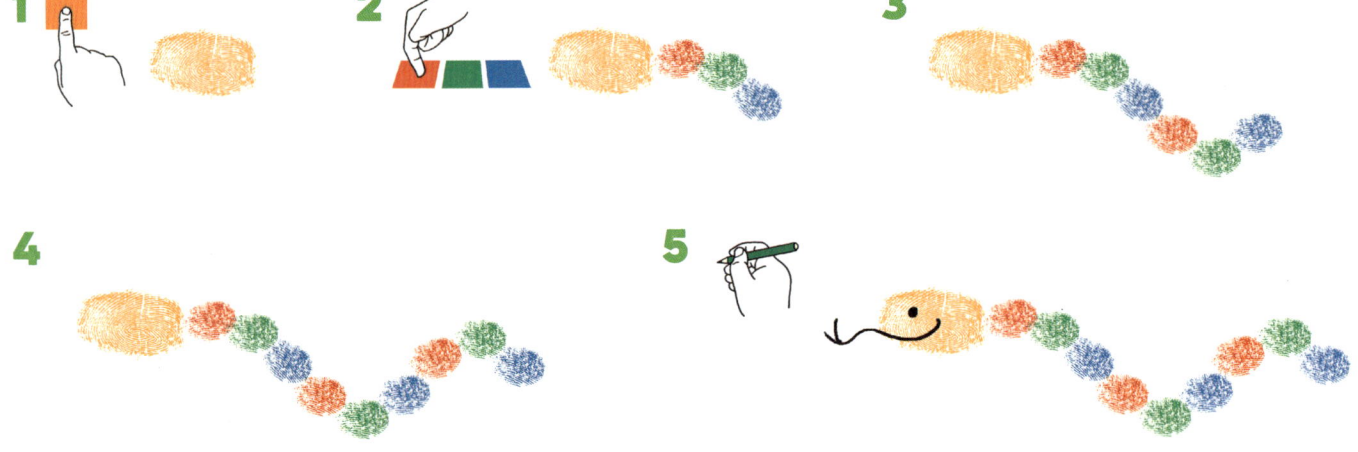

바다뱀

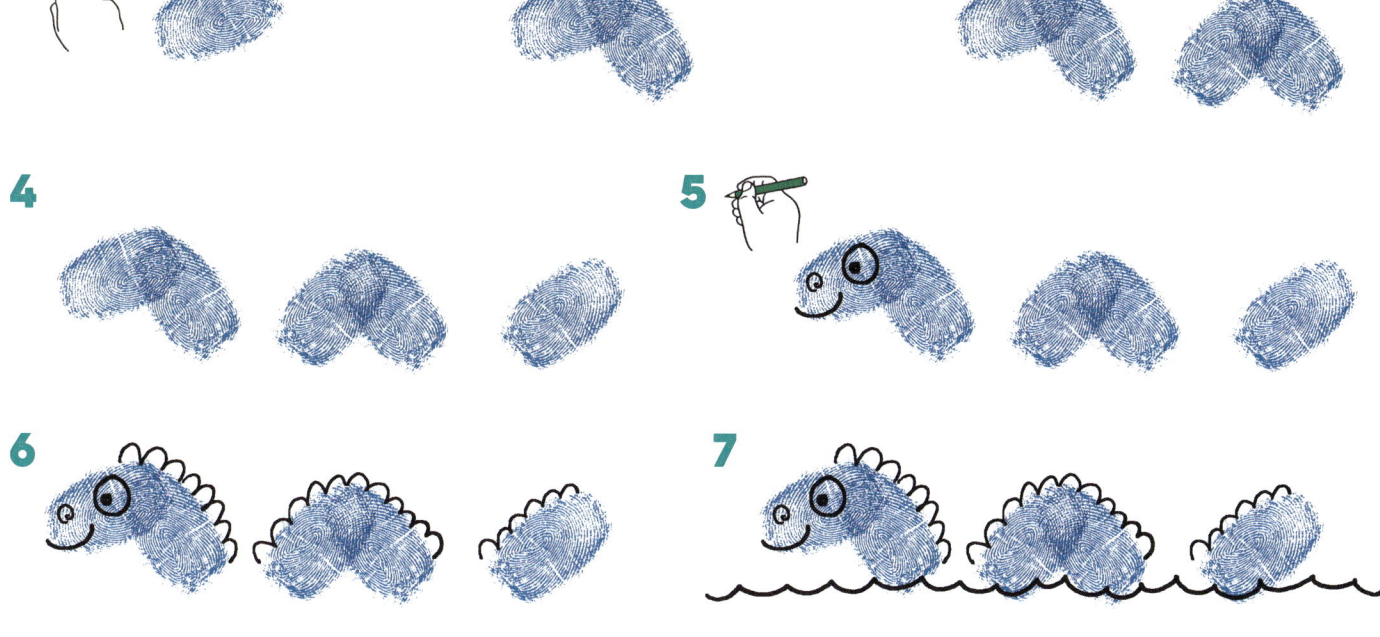

대왕문어

73

용-1

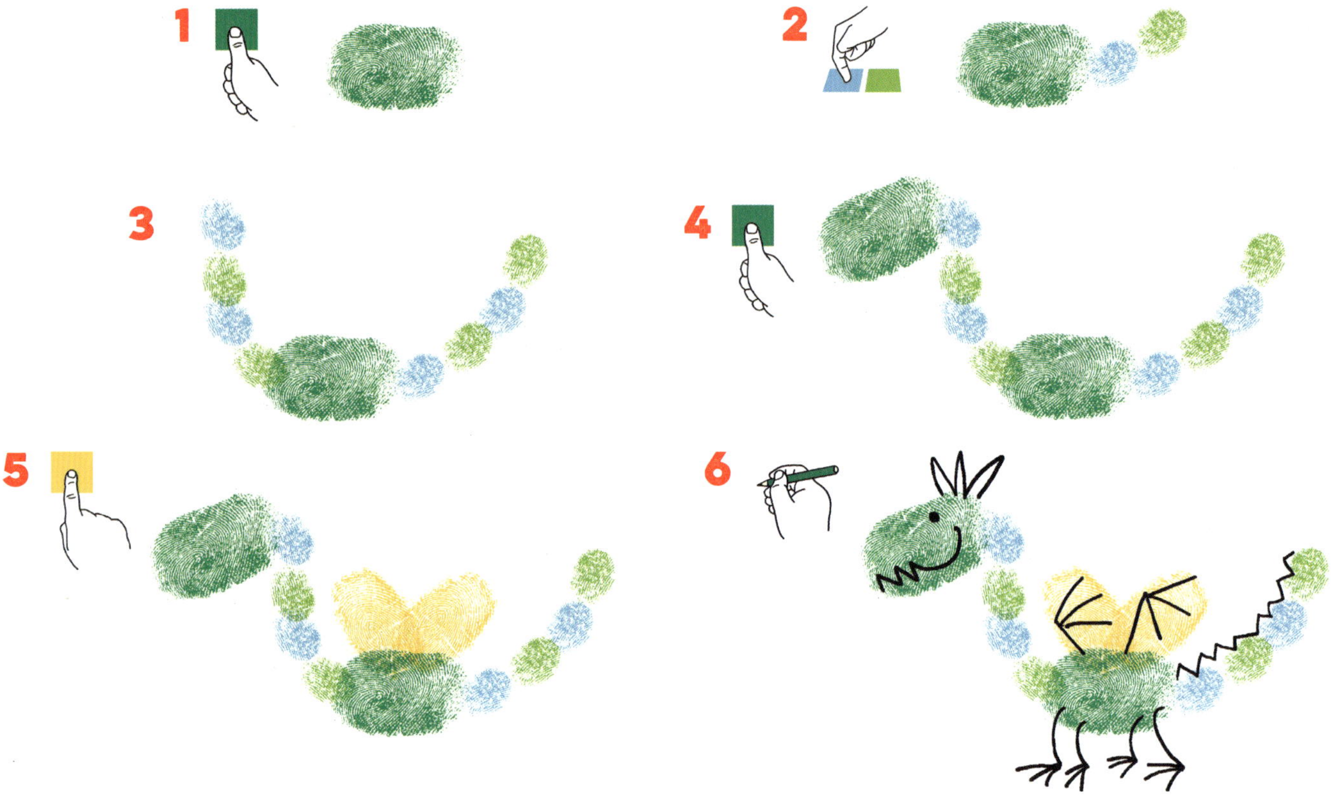

1 2 3 4 5 6

용-2

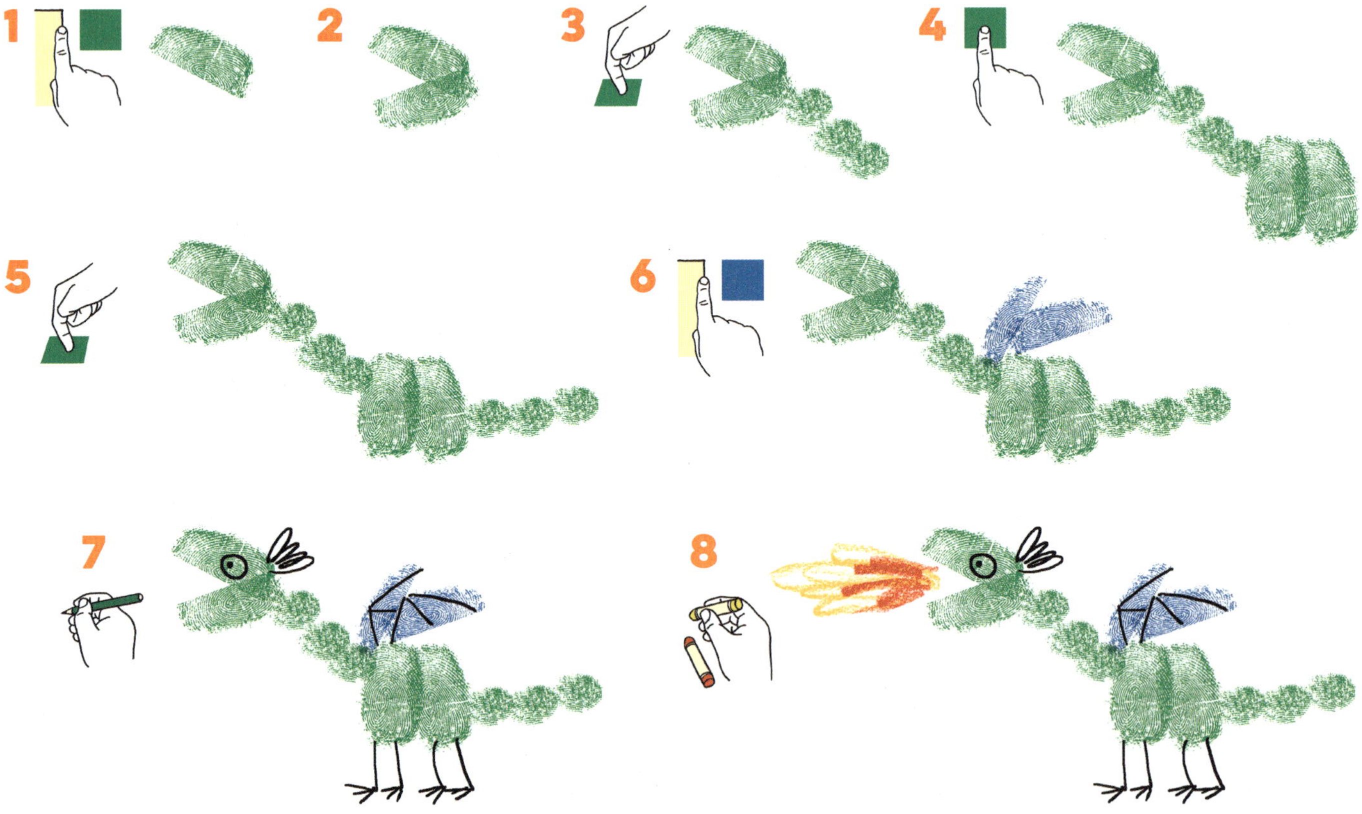

1 2 3 4 5 6 7 8

74

행운의 용

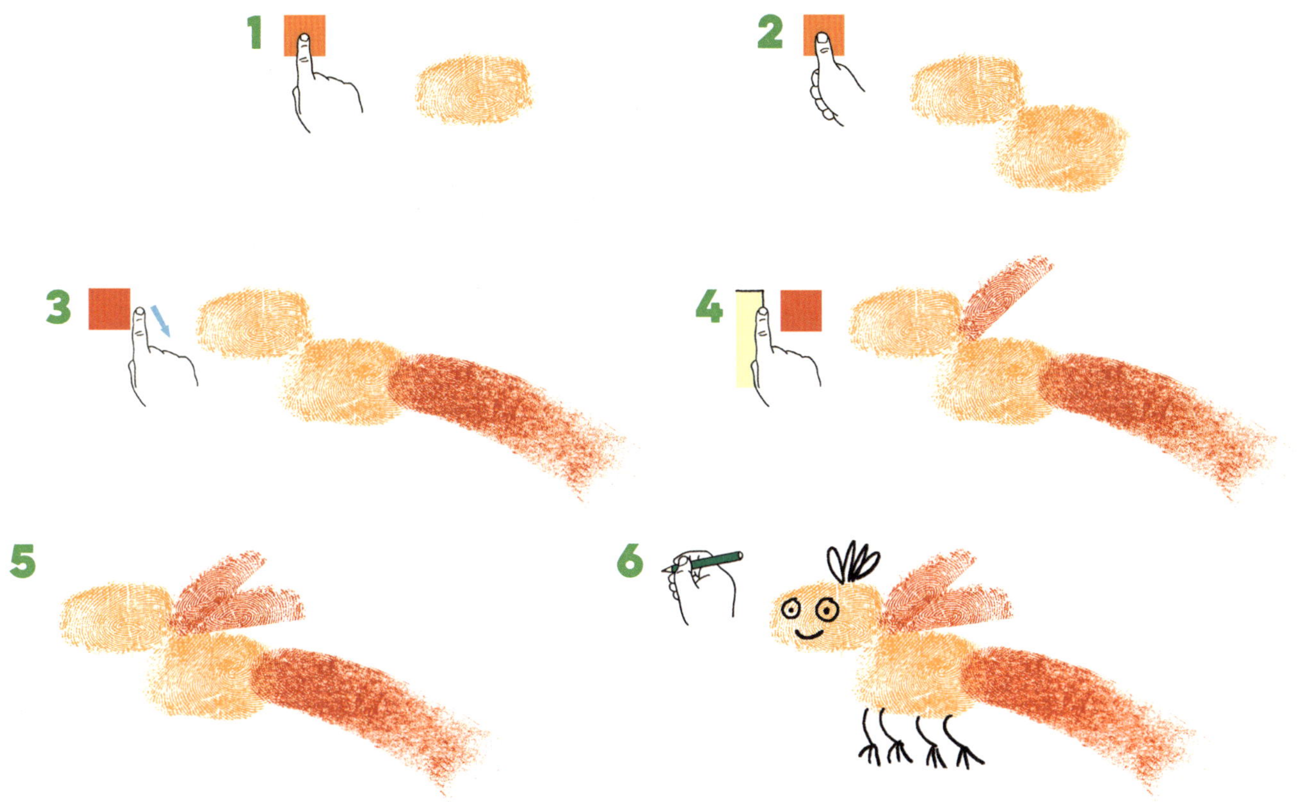

유니콘

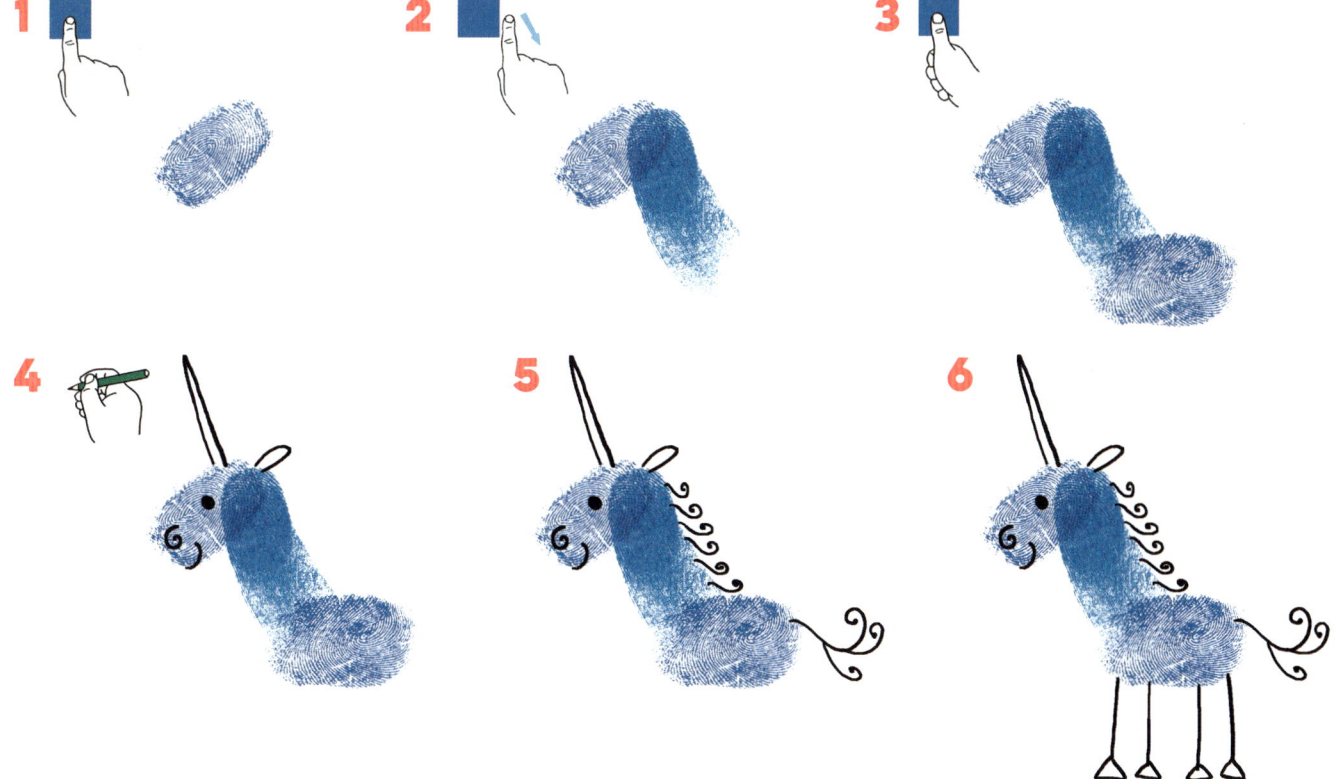

날개 달린 원숭이

장화 신은 고양이

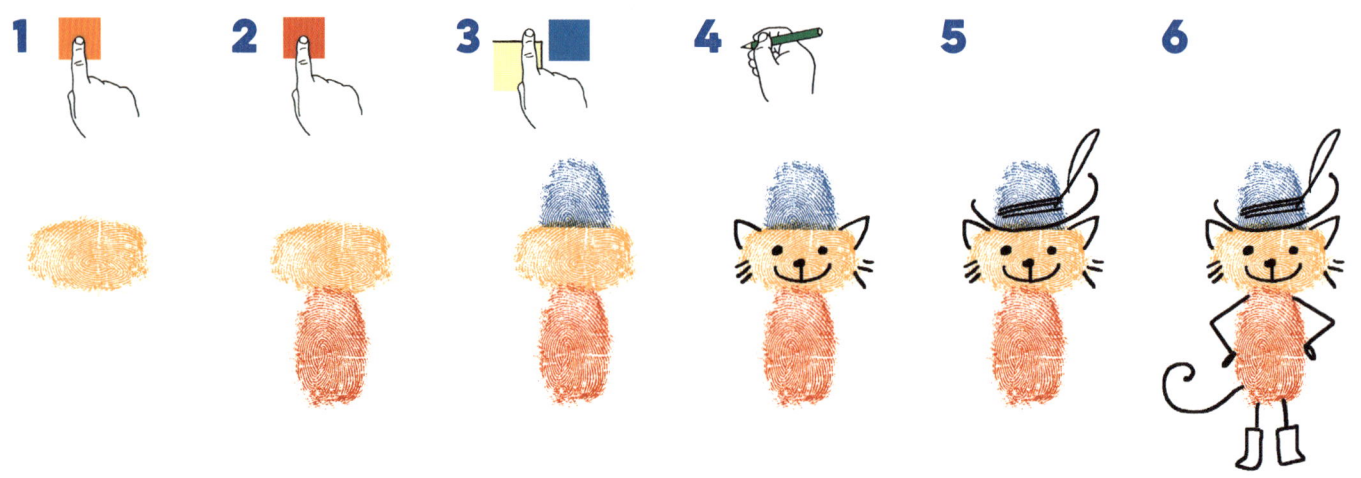

지니 (램프의 요정)

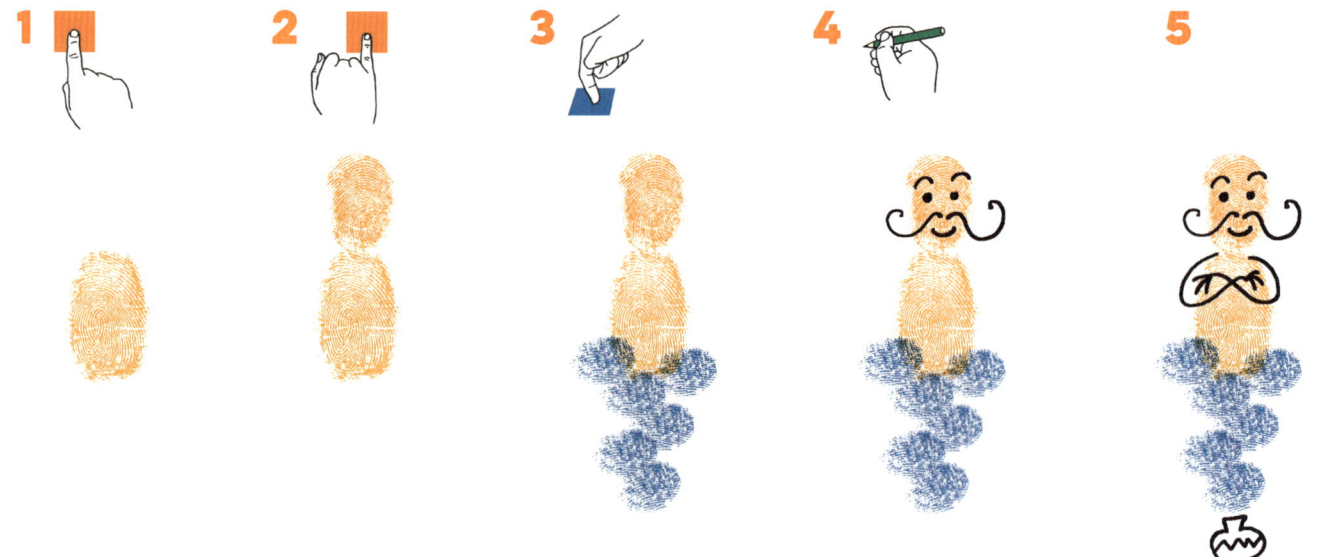

인어

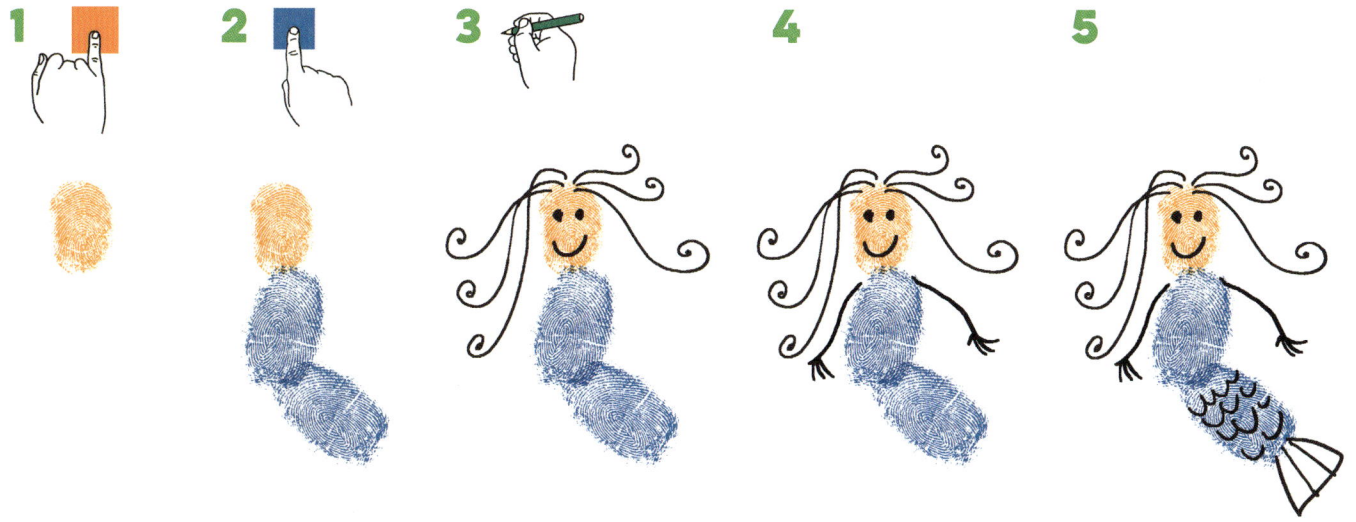

바다의 신

물의 요정

악마

천사

큐피드(사랑의 신)

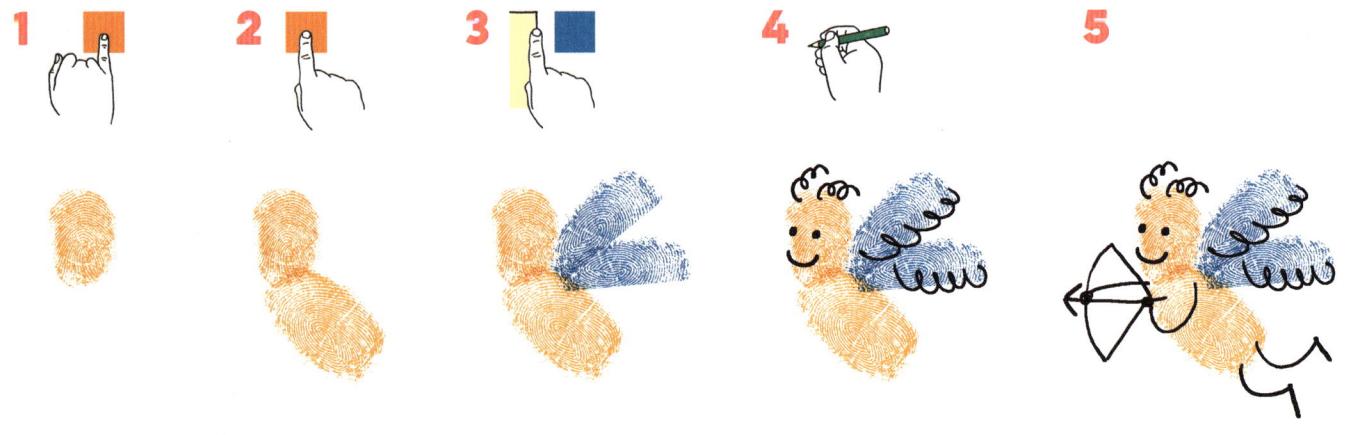

숲의 요정

꽃의 요정-1

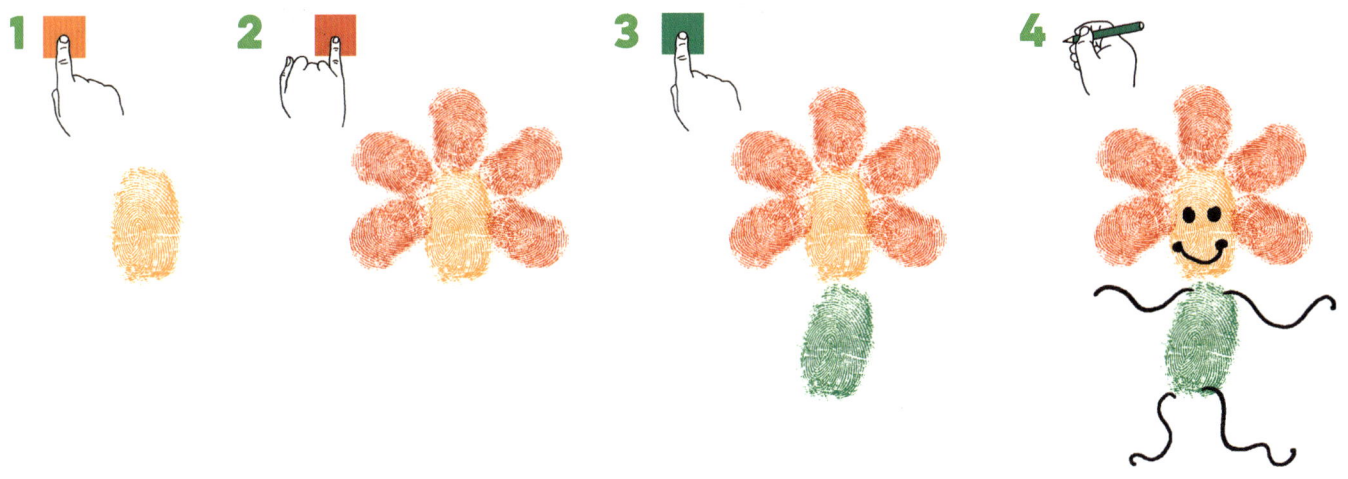

꽃의 요정-2

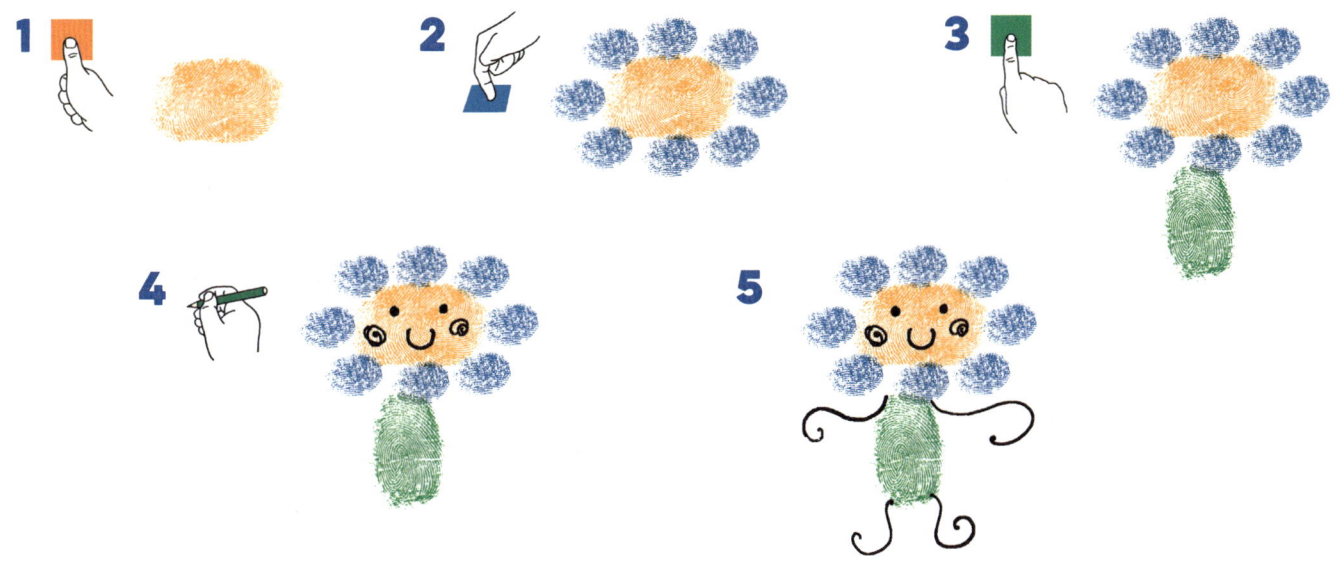

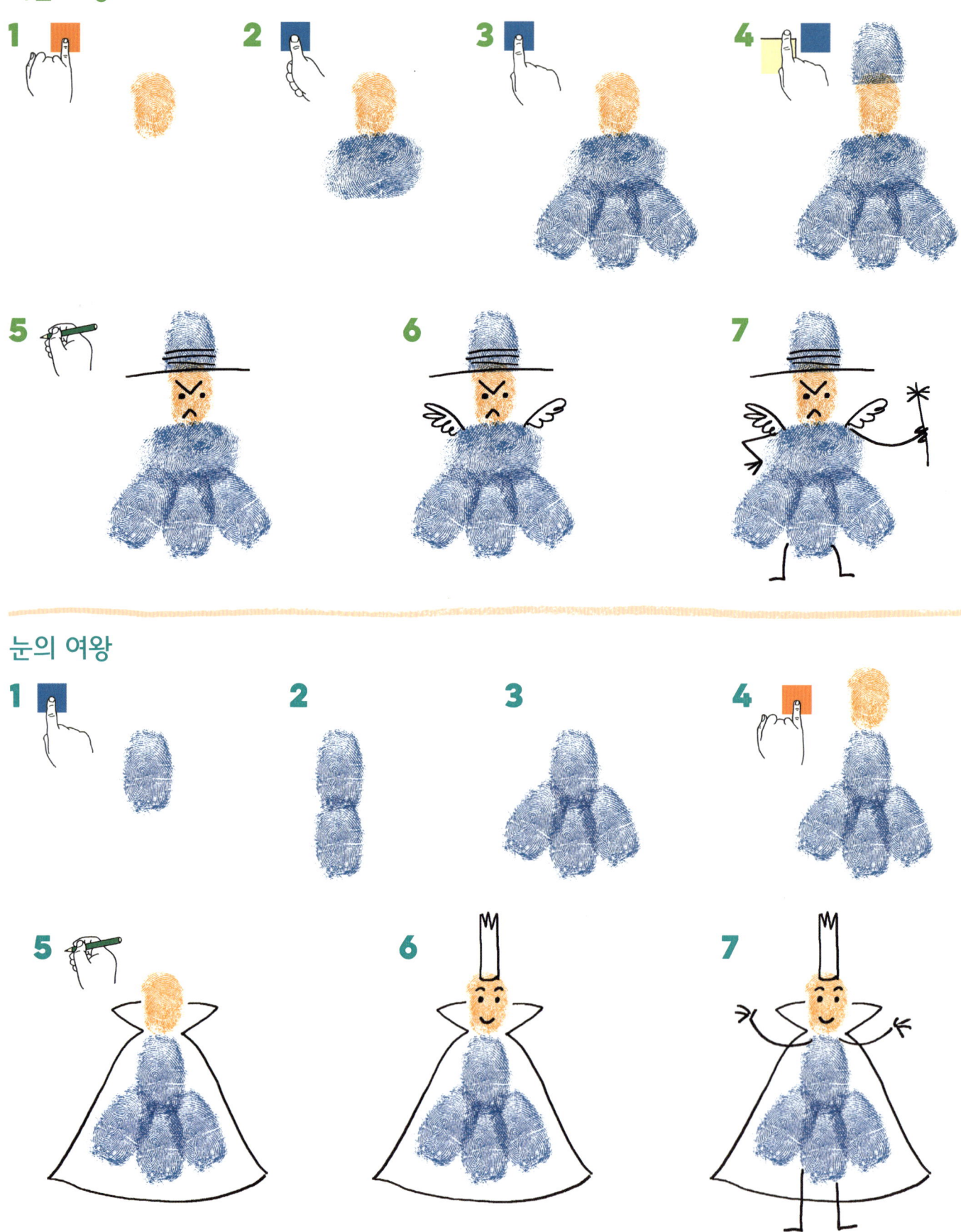

마녀

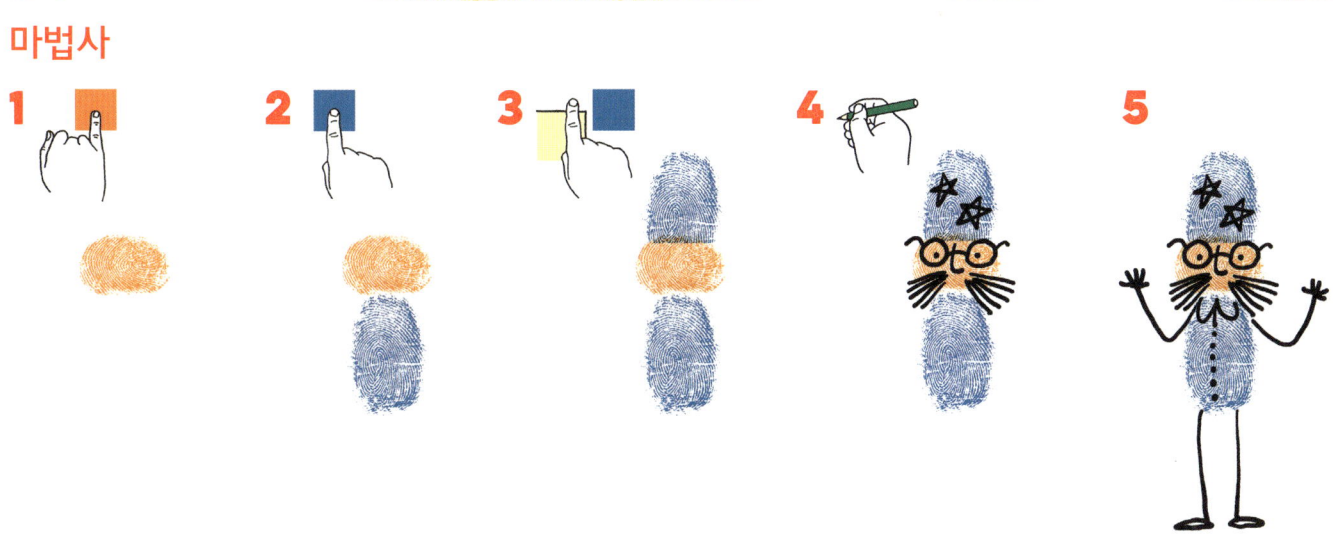

마법사

마술사

요정

요정 공주

요정의 왕

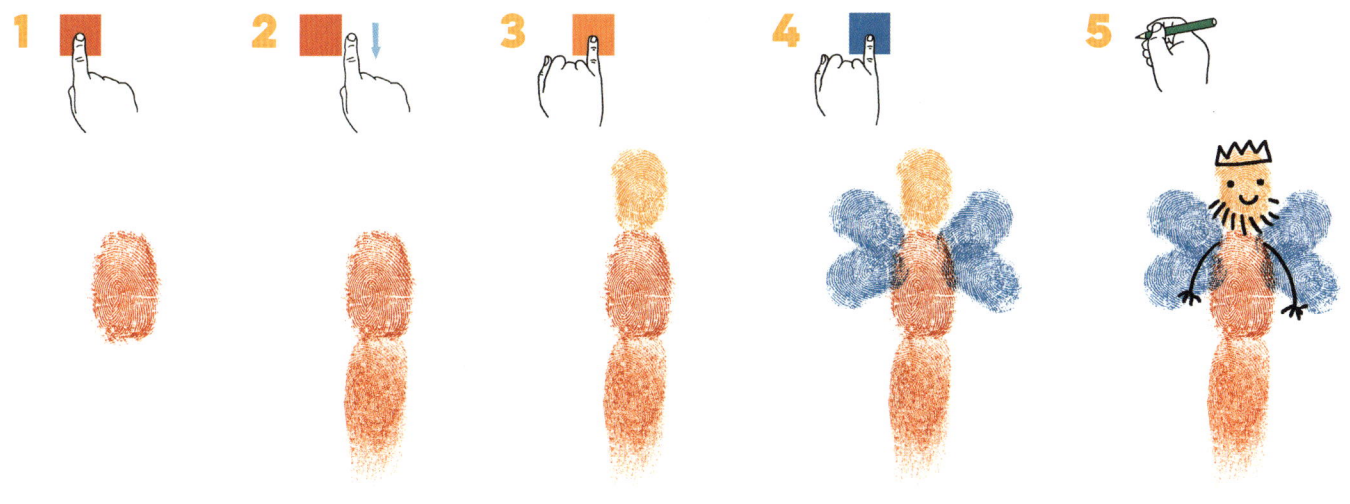

요정의 여왕

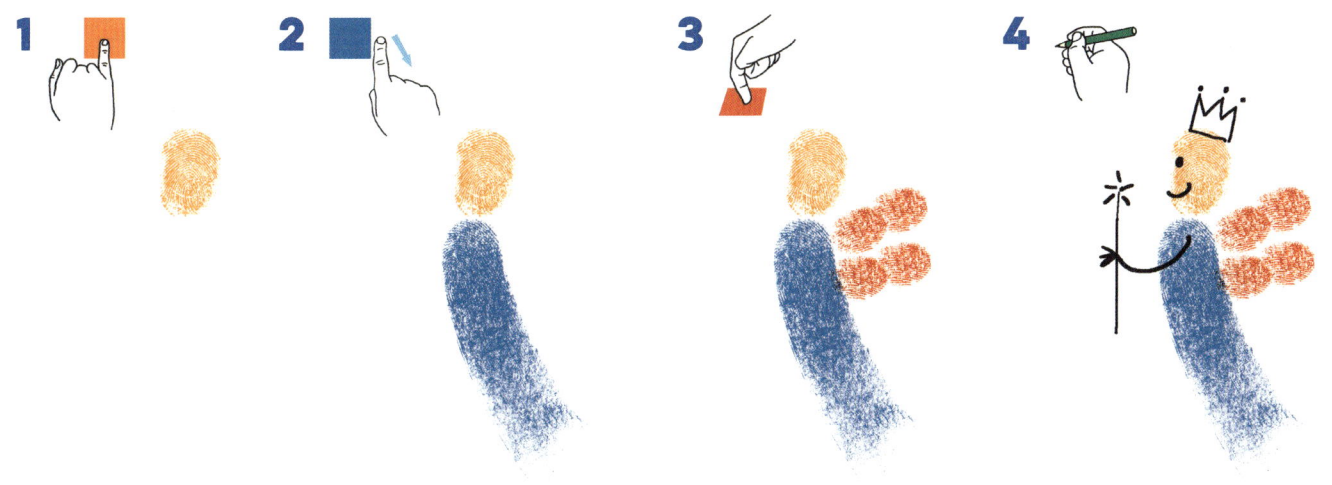

모래 장수 (사람들의 눈에 모래를 뿌려 좋은 꿈을 꾸게 하는 요정)

거인

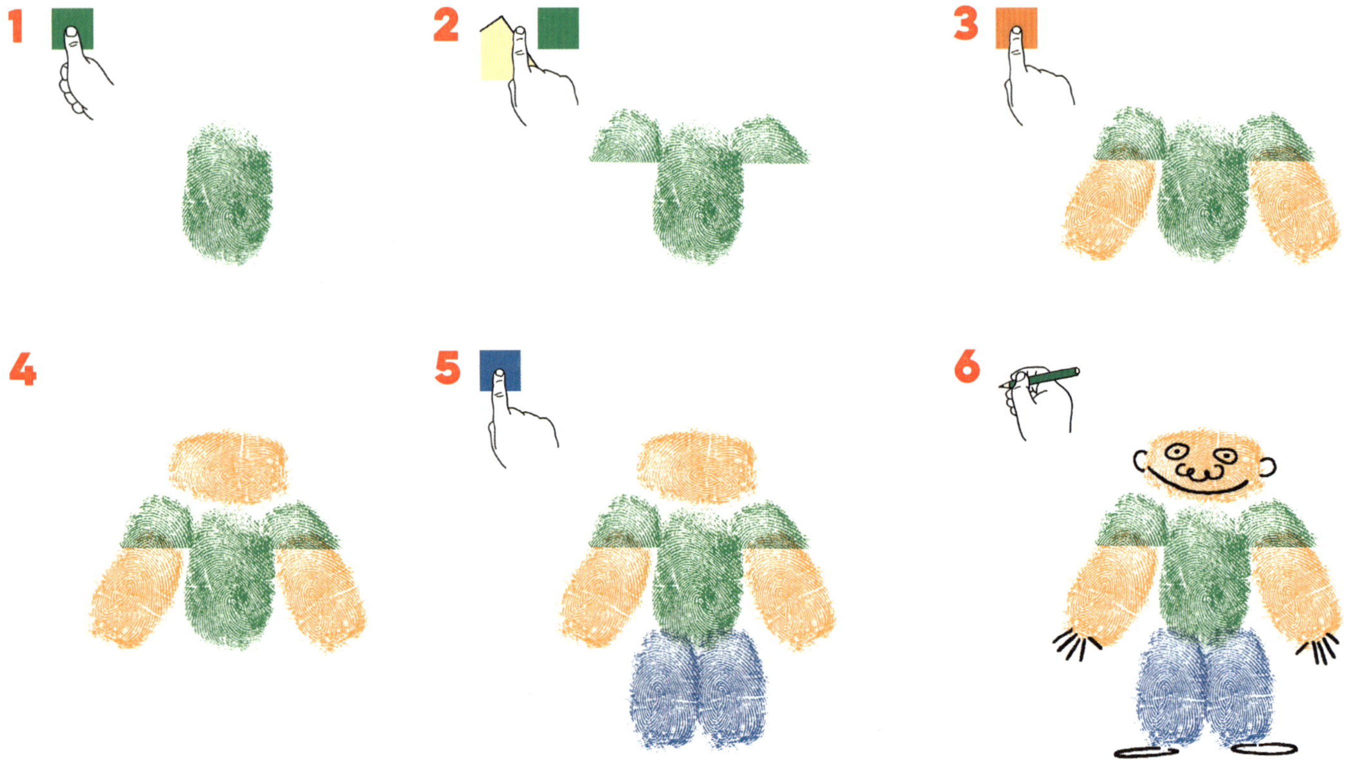

1 2 3
4 5 6

오우거 (전설과 동화에서 크고 힘센 괴물)

1 2 3
4 5

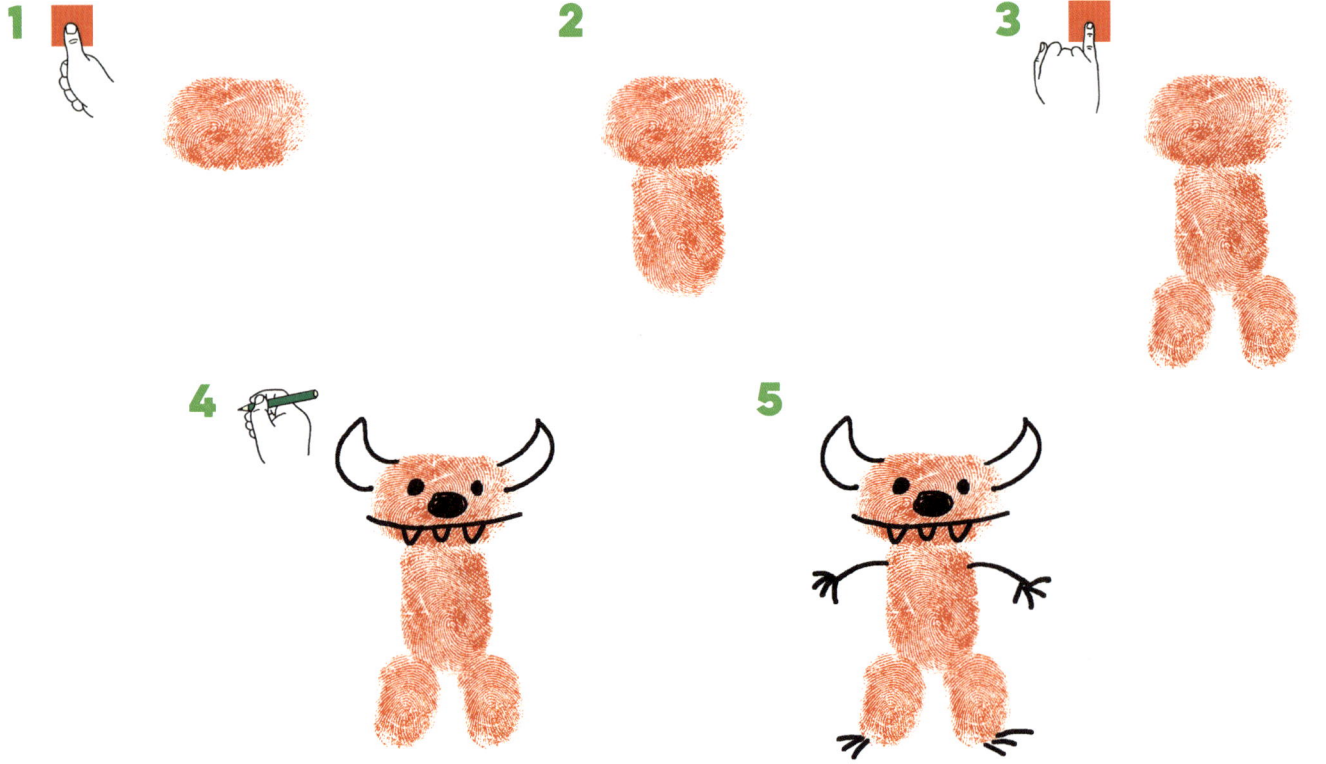

트롤 괴물

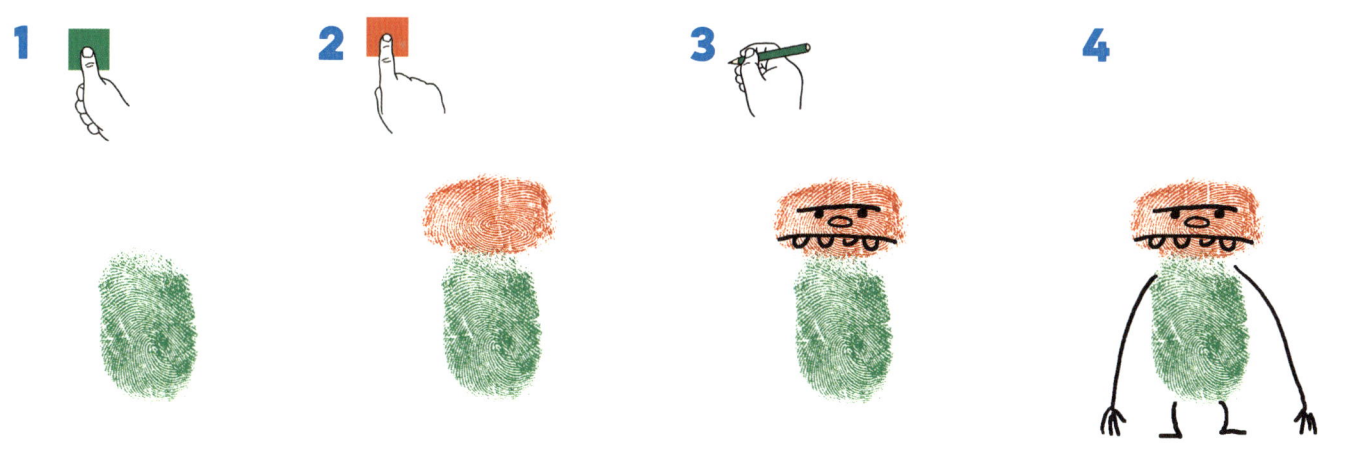

산의 요정

요정-1

요정-2

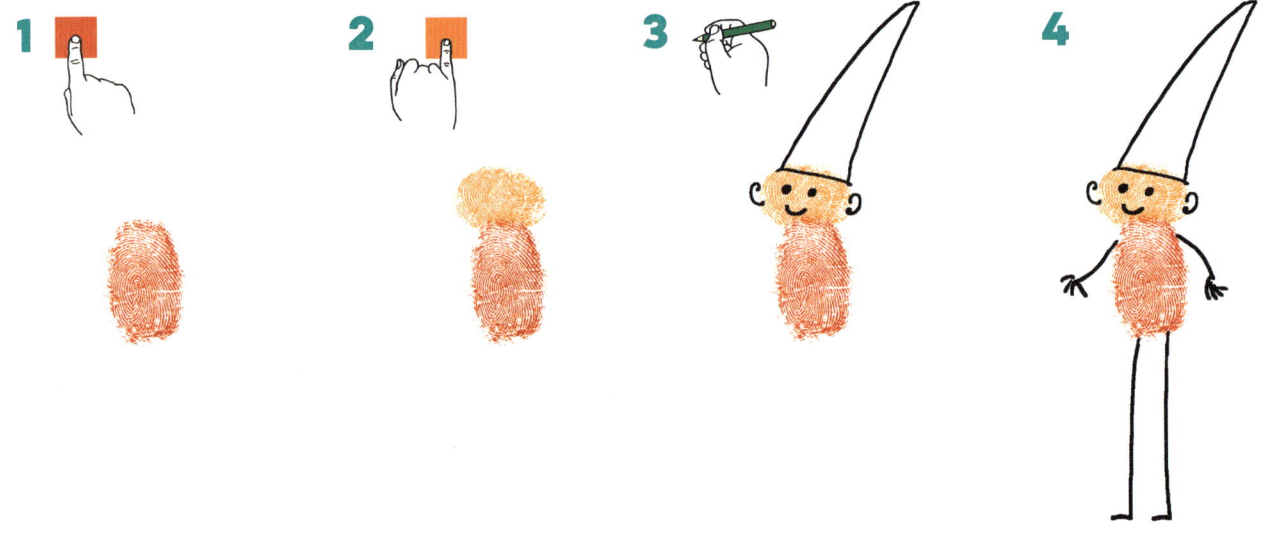

요정-3

요정-4

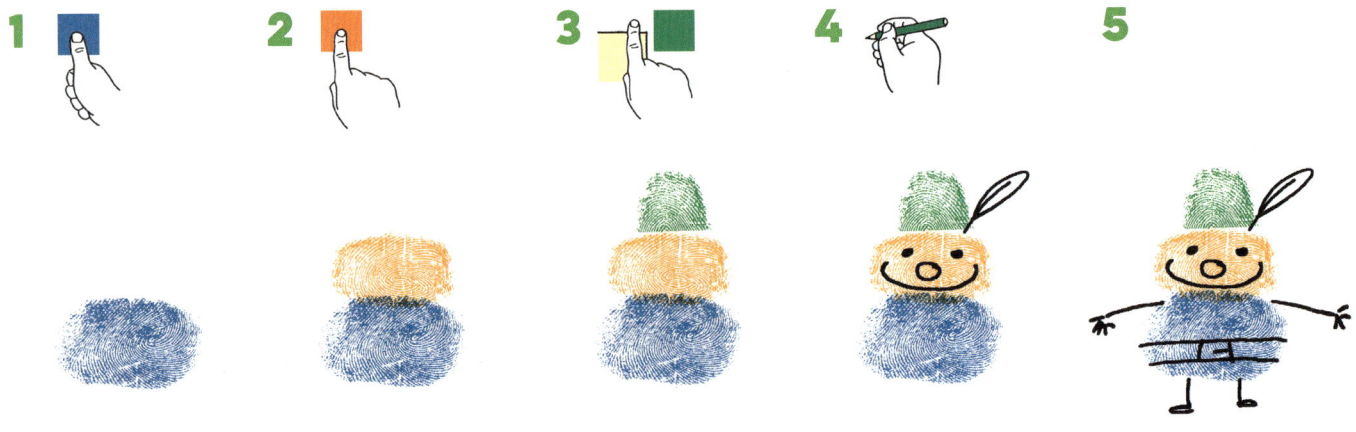

요정-5

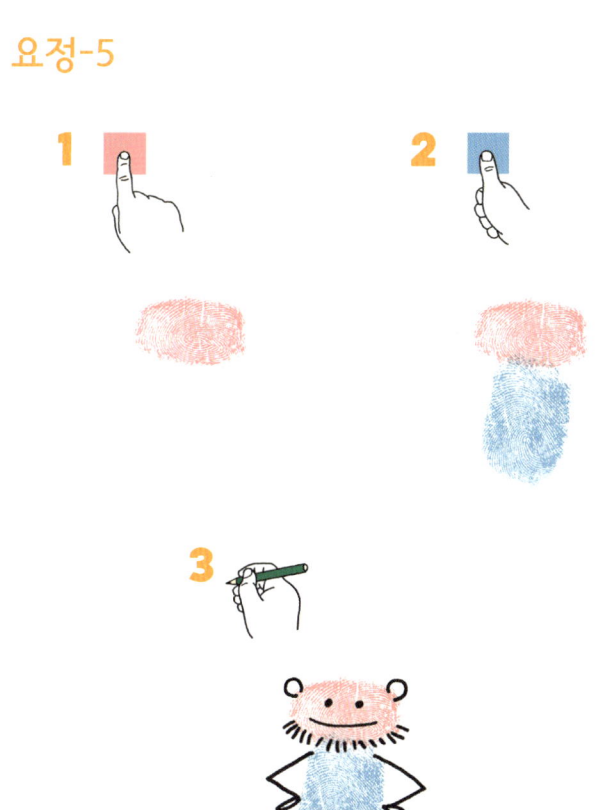

요정-6

요정-7

요정-8

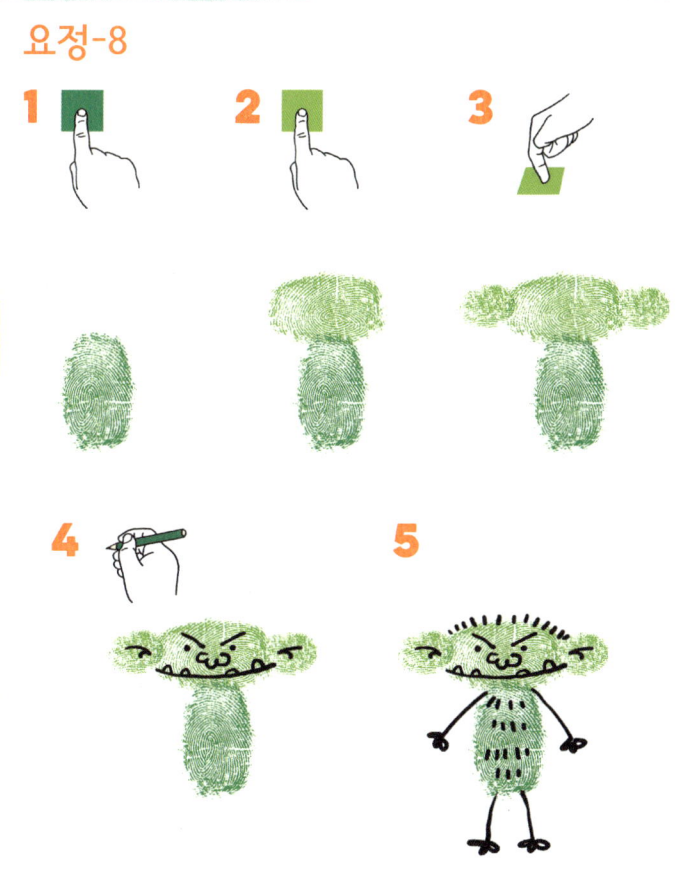

자동차

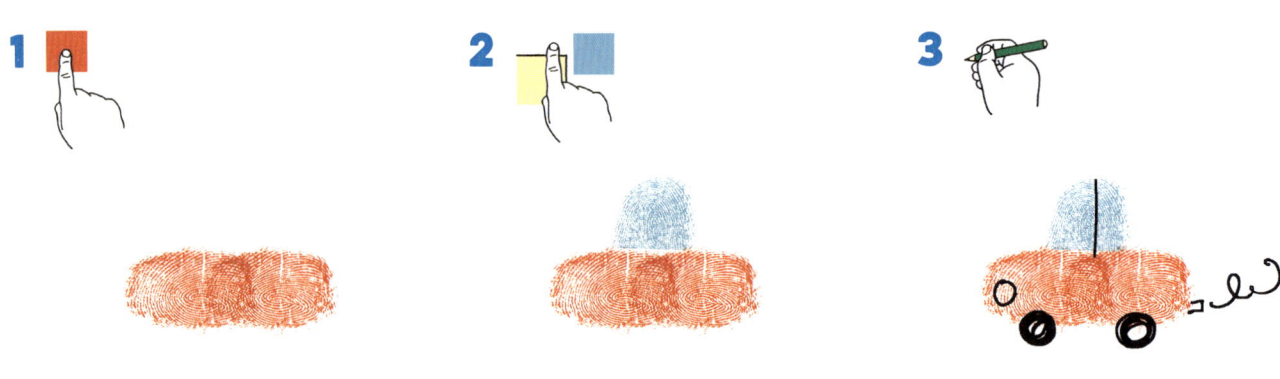

오픈카

택시

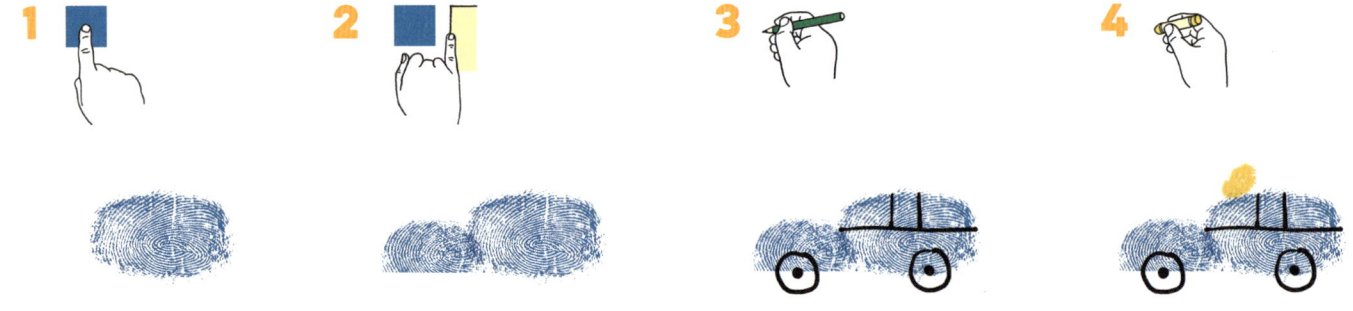

올드카

레이싱 카

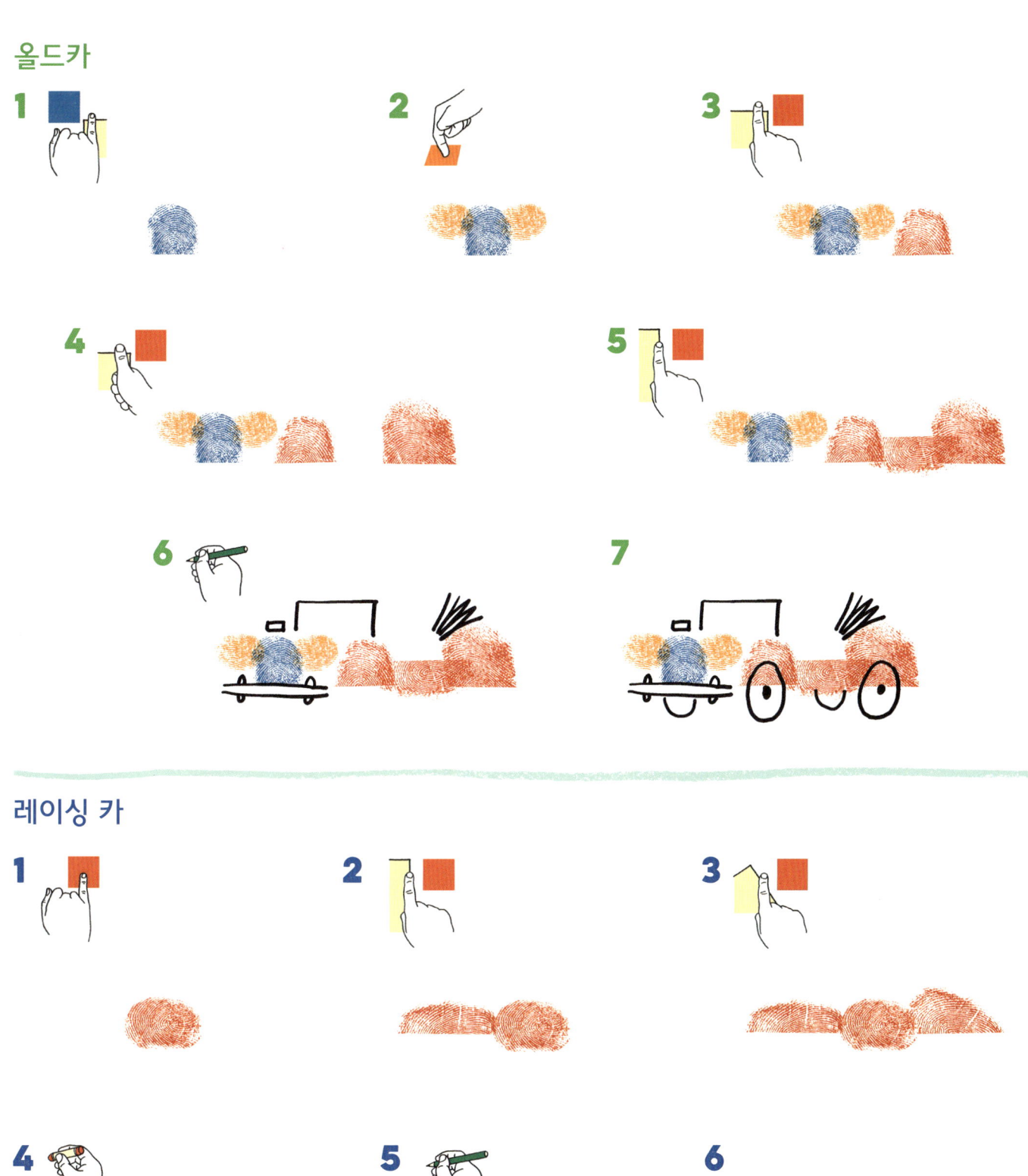

캠핑카

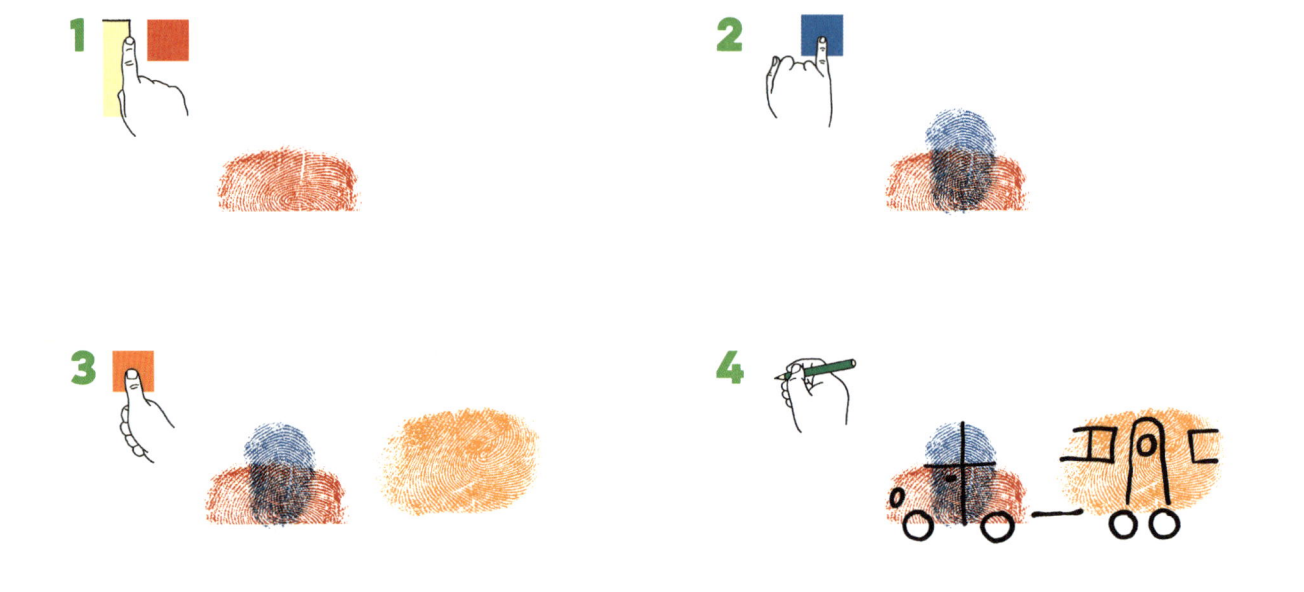

스쿠터

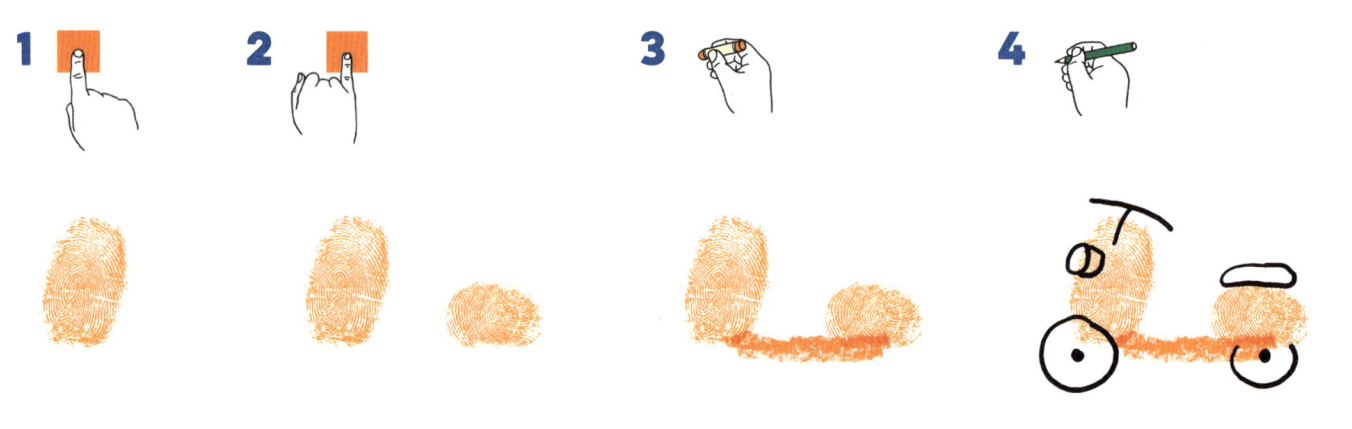

사파리 지프

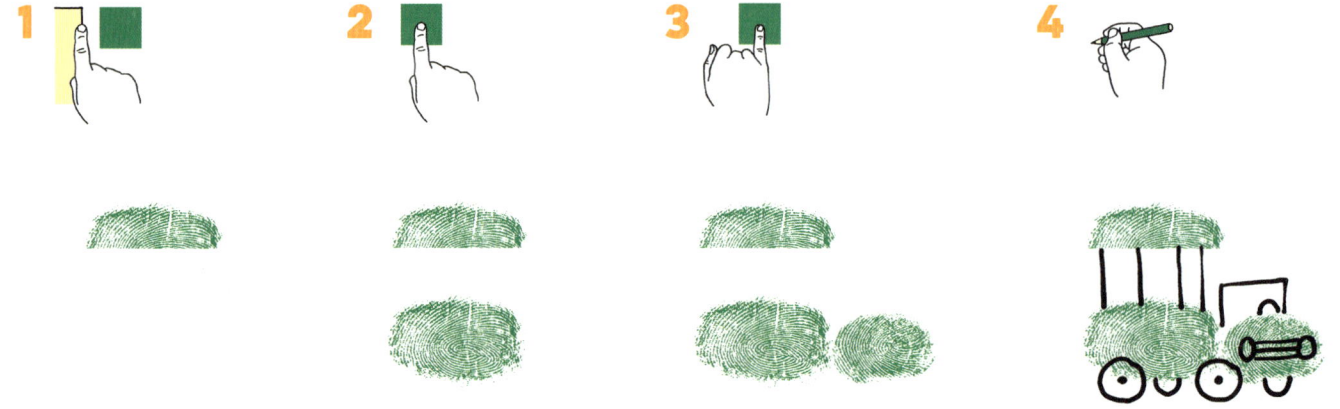

범퍼카

개 썰매

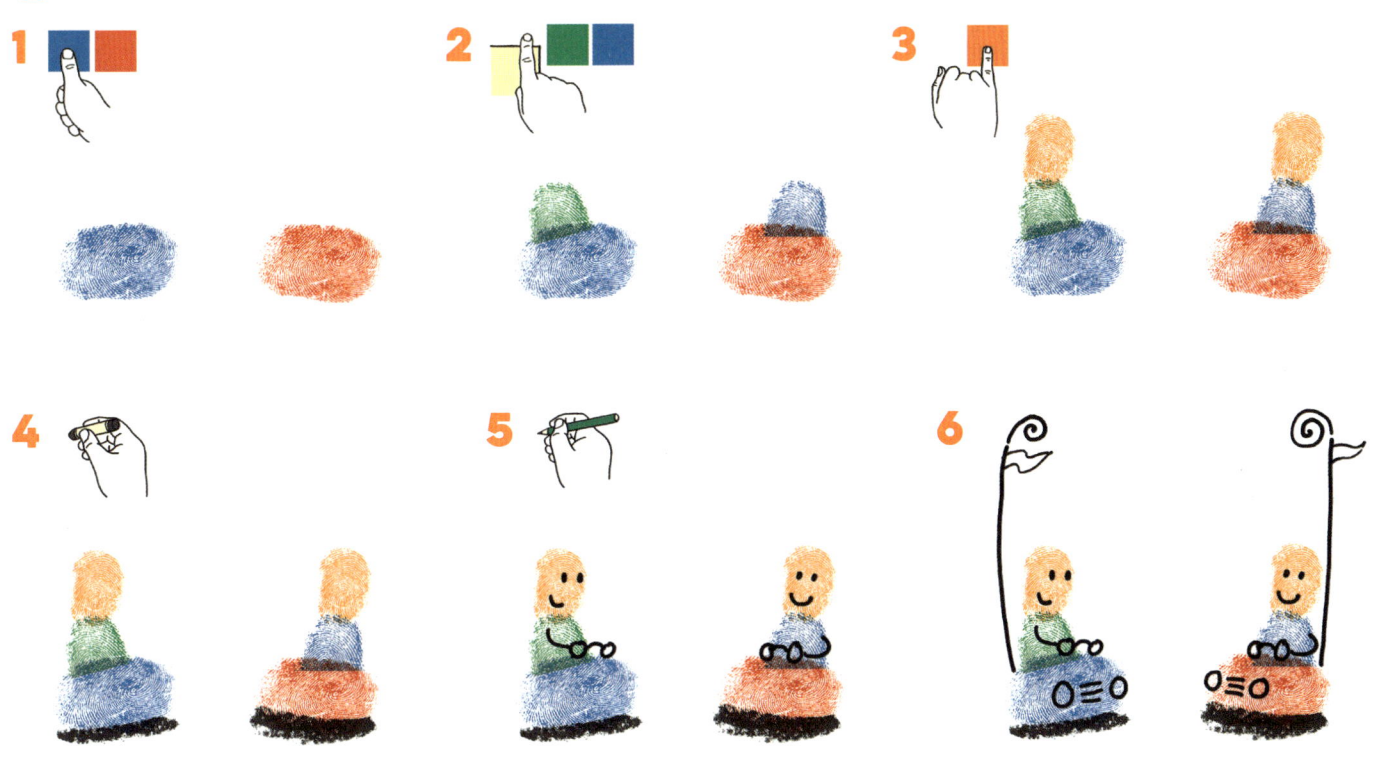

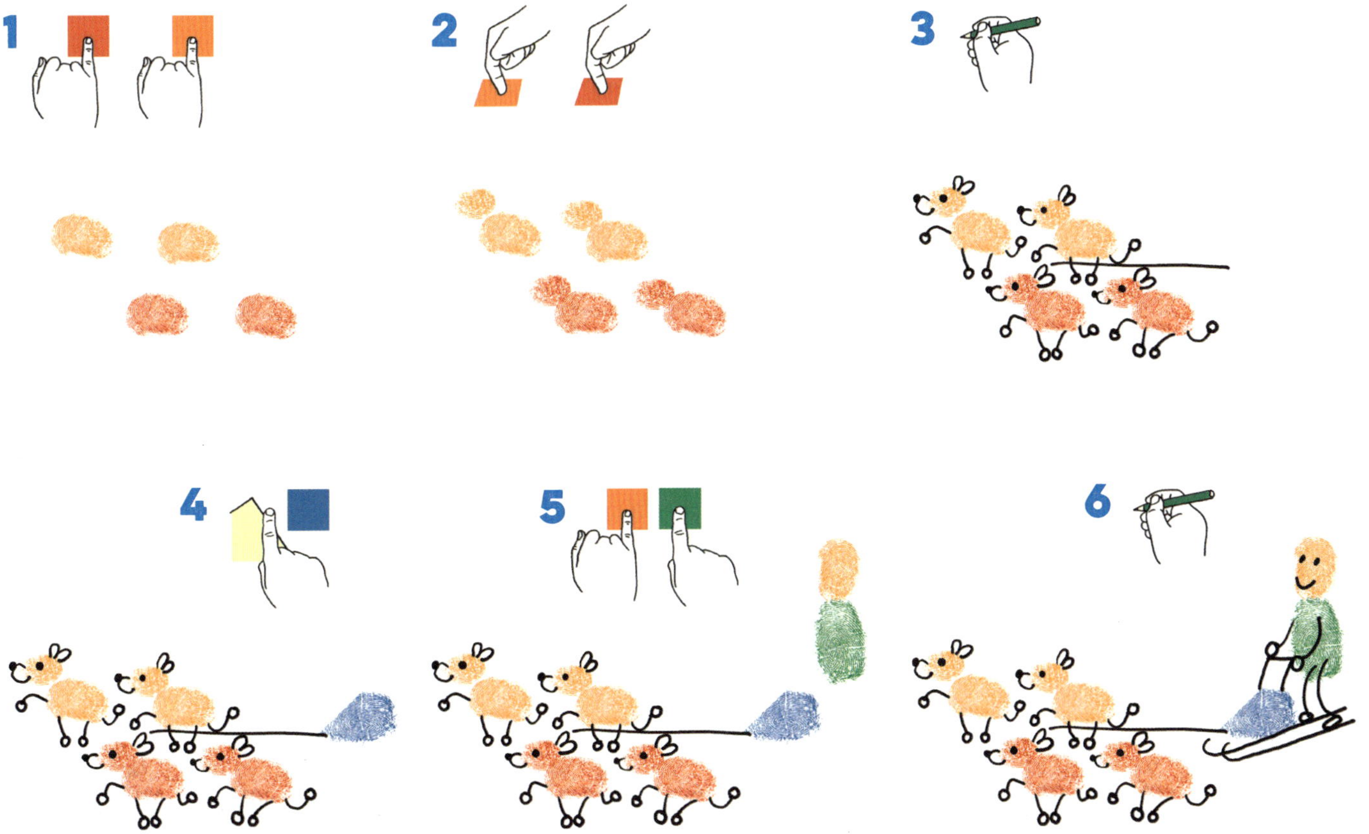

역마차

관광 버스

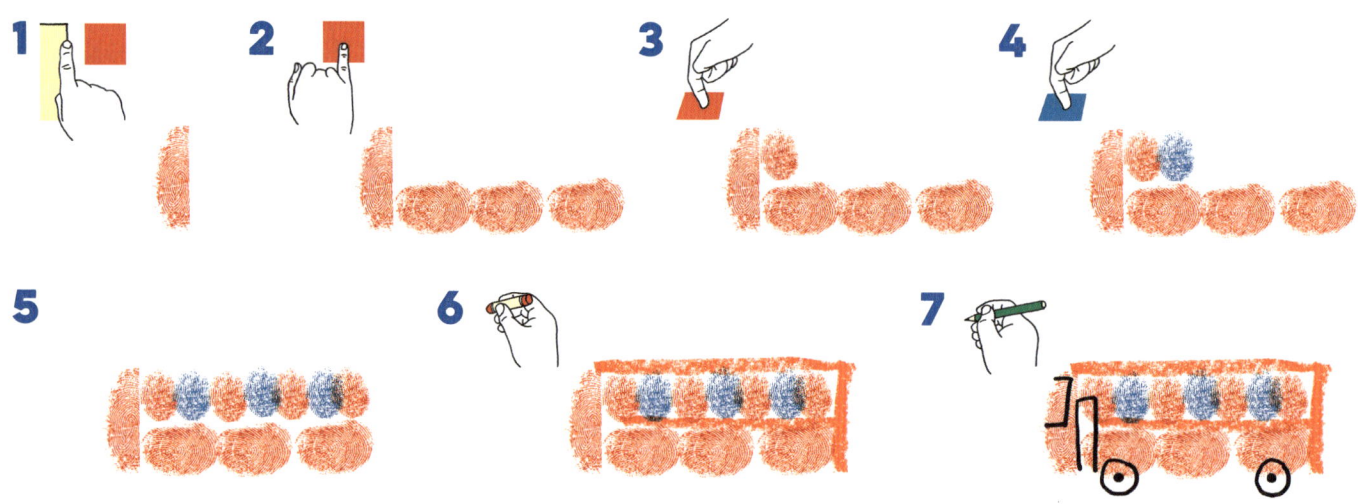

트램 (도시에서 운행되는 전차 형태의 대중교통 수단)

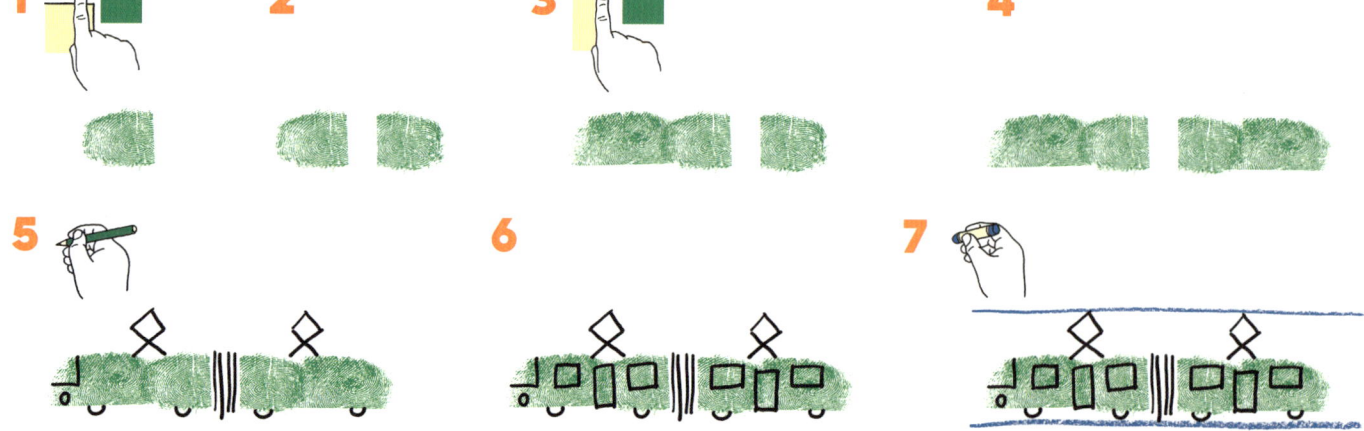

기관차-1

열차

기관차-2

경찰차

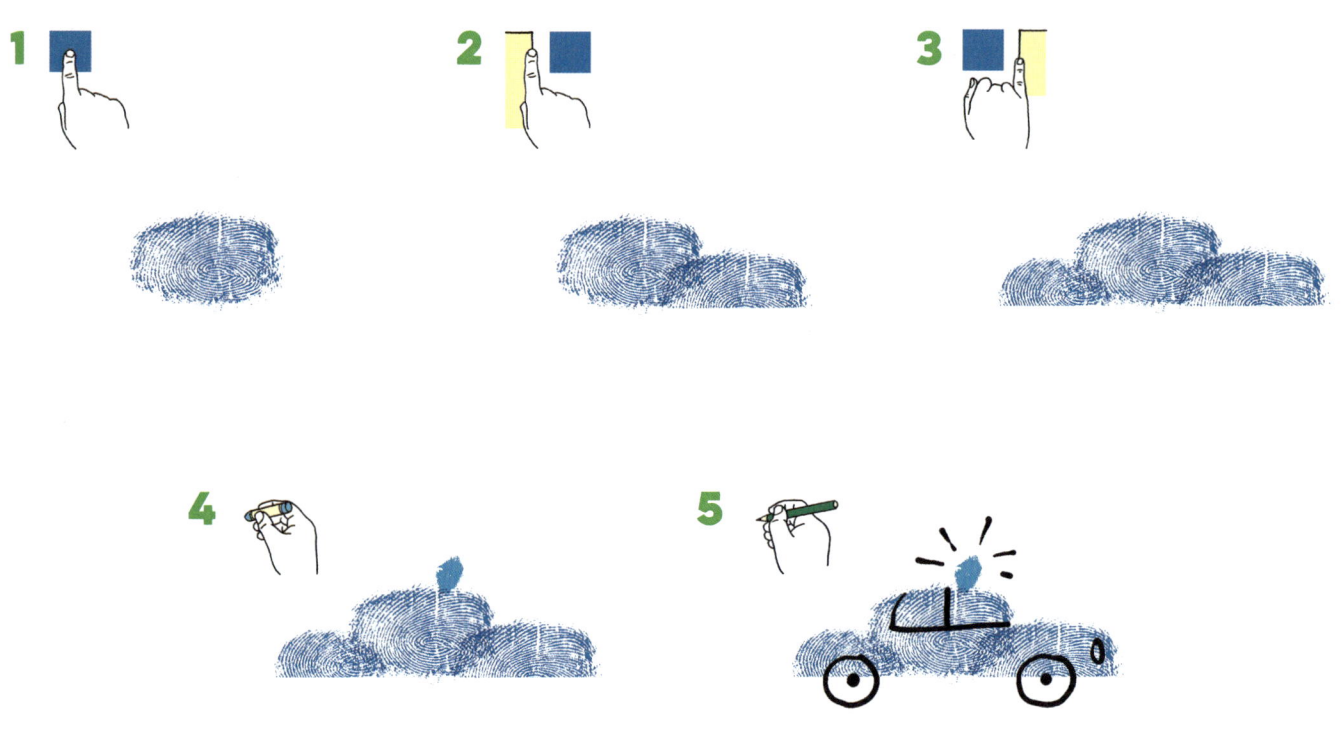

소방차

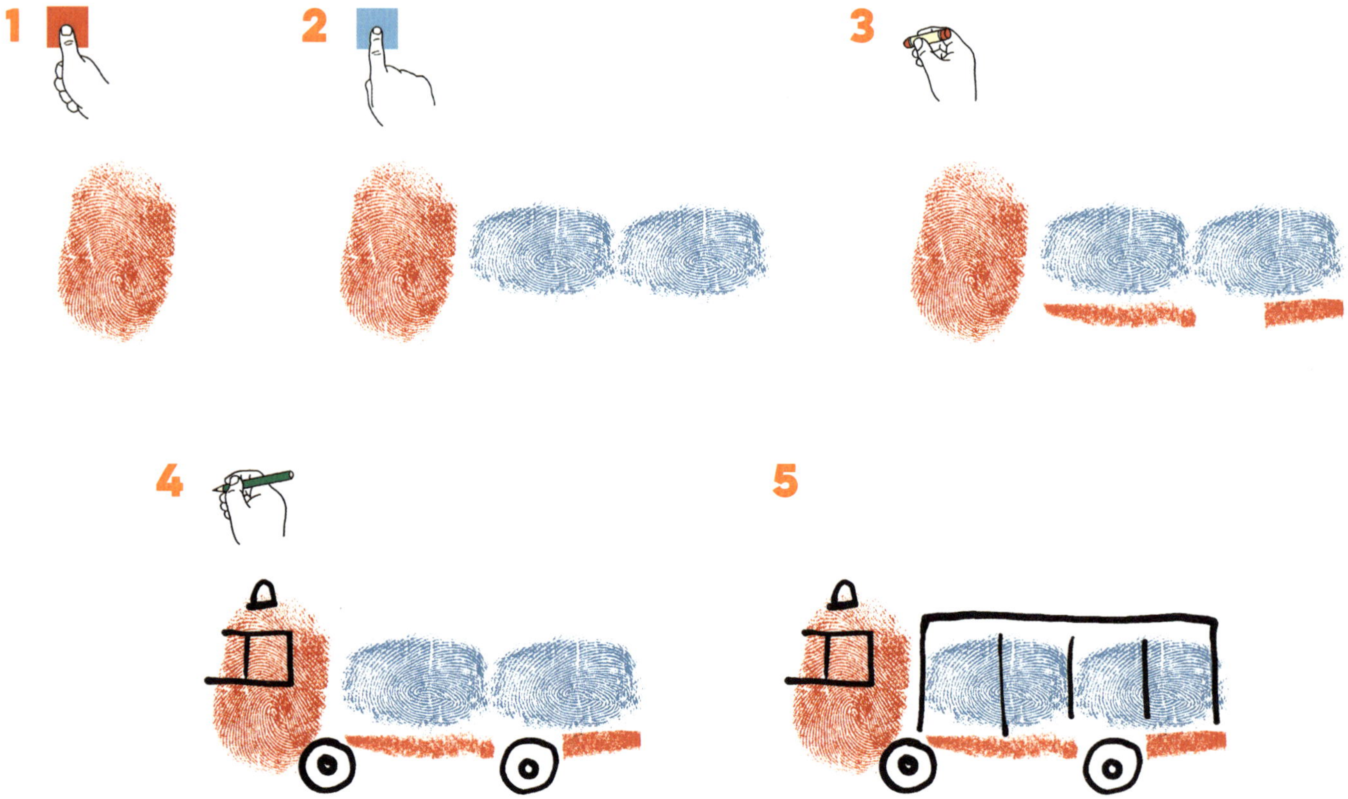

사다리차

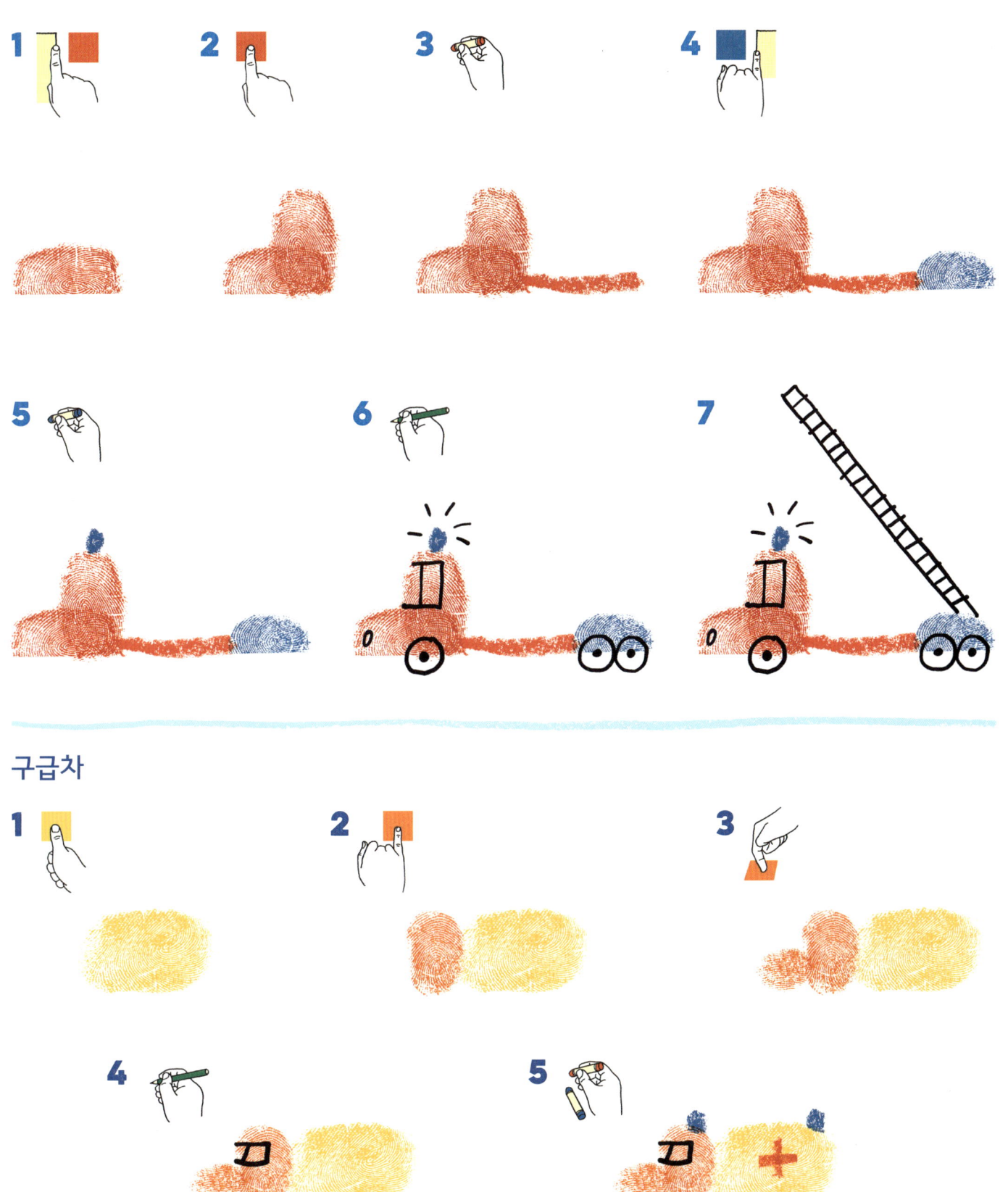

구급차

쓰레기 운반차

유조차

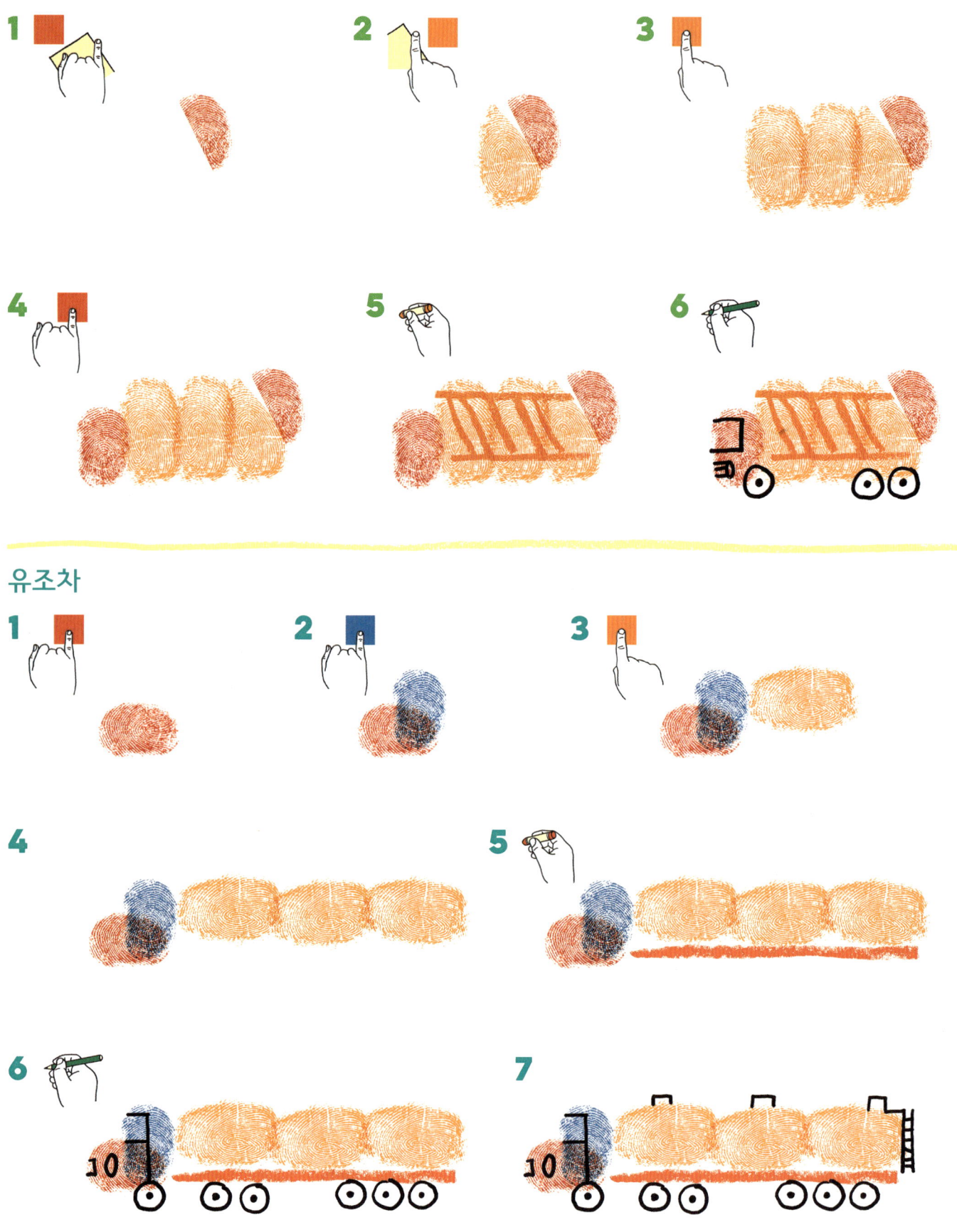

견인차

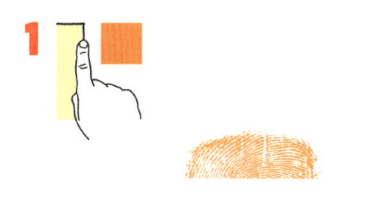  

소형 트럭

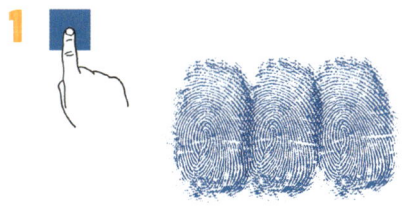 

지게차

 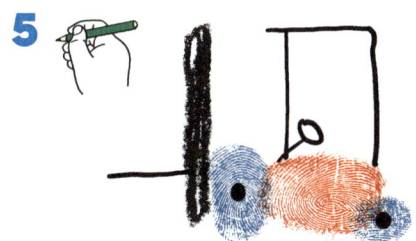

트럭-1

트럭-2

운송 트럭

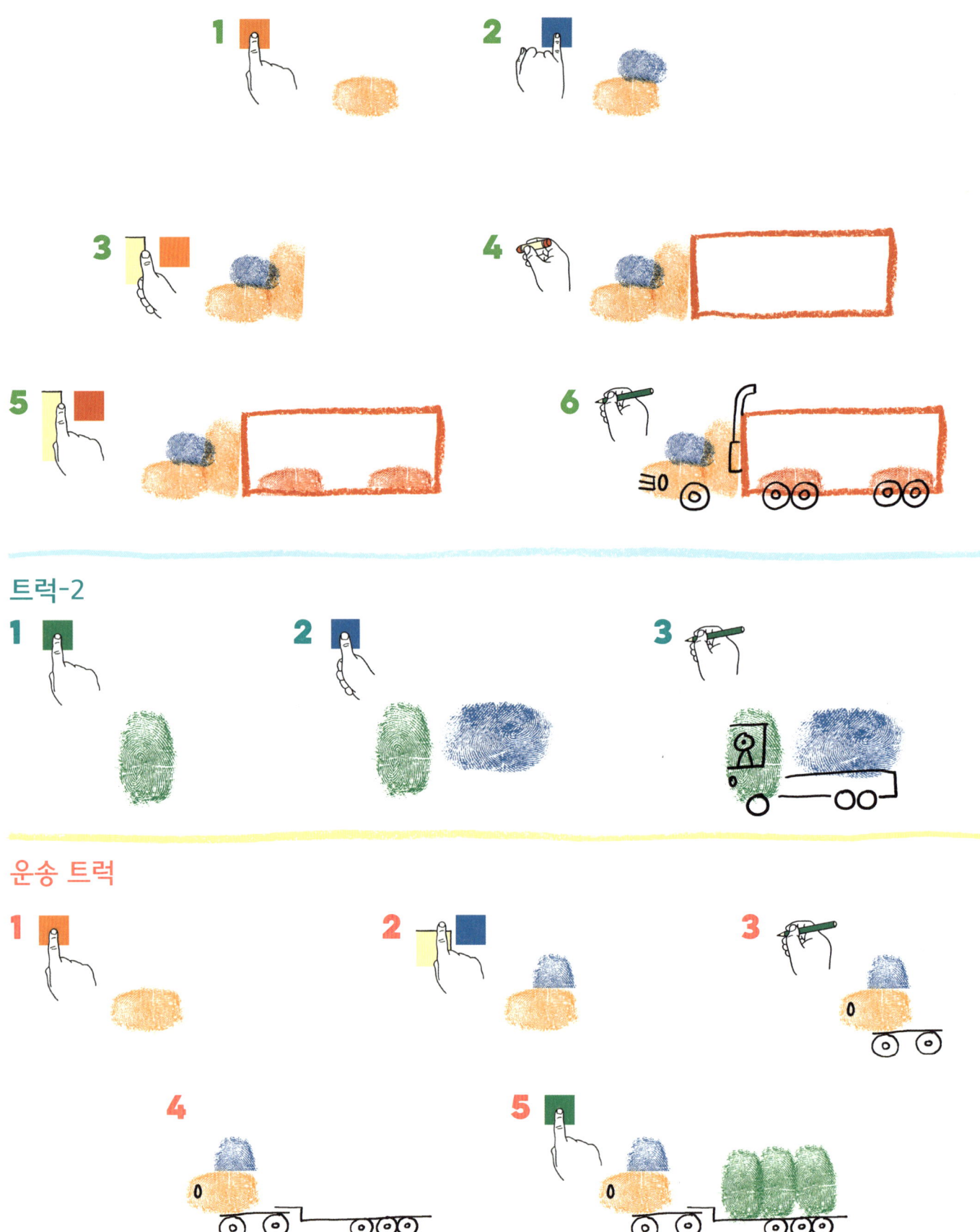

98

폐기물 트럭

레미콘

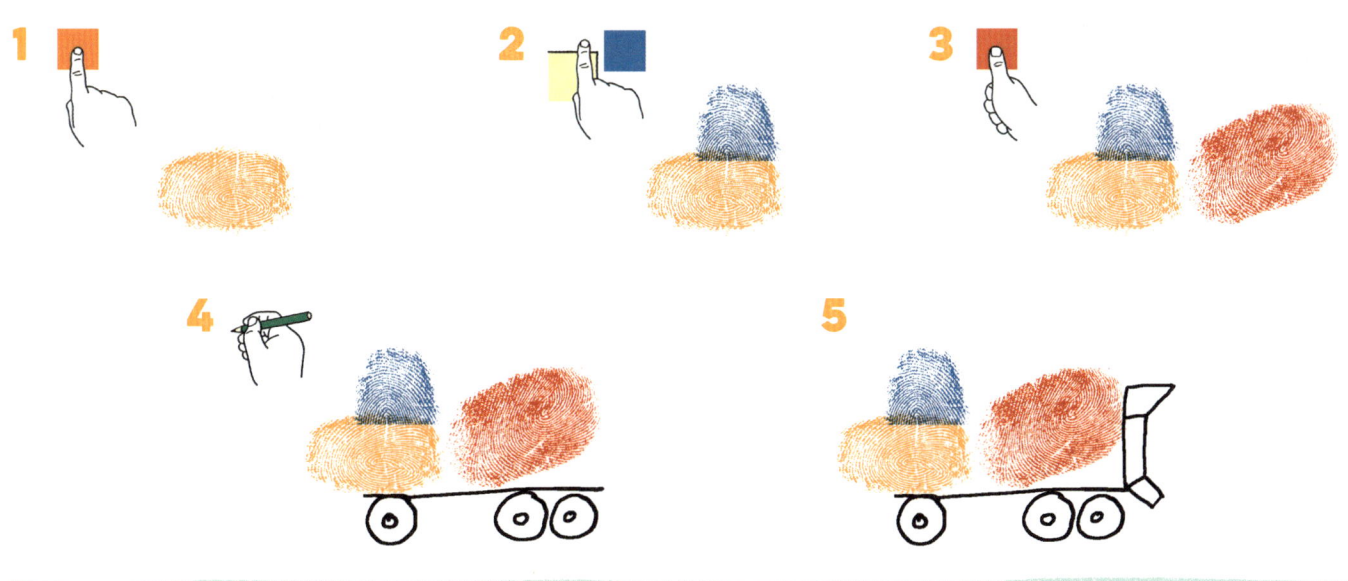

트레일러

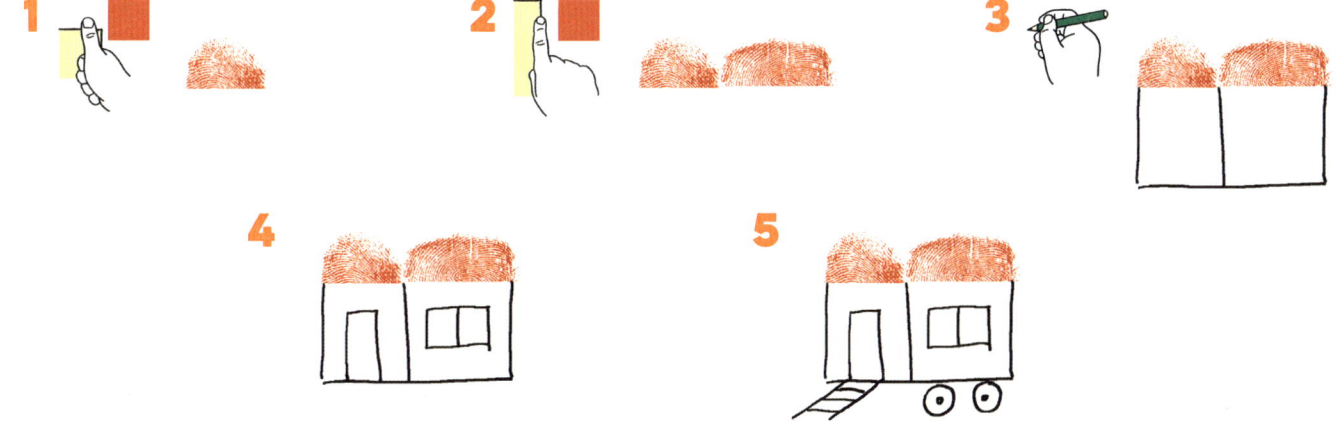

덤프 트럭

1 2  3

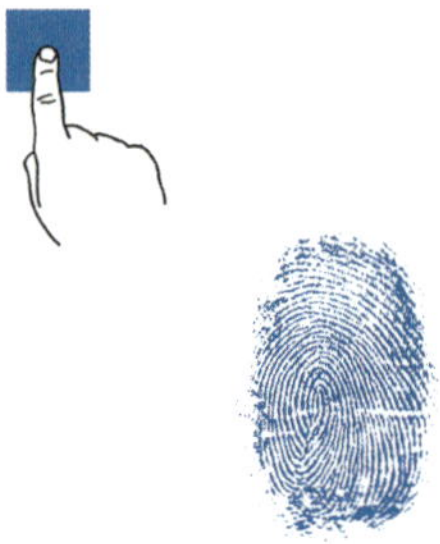

4  5

프론트 티퍼 (물건을 옮기고 앞으로 쏟아부을 수 있는 차)

1 2 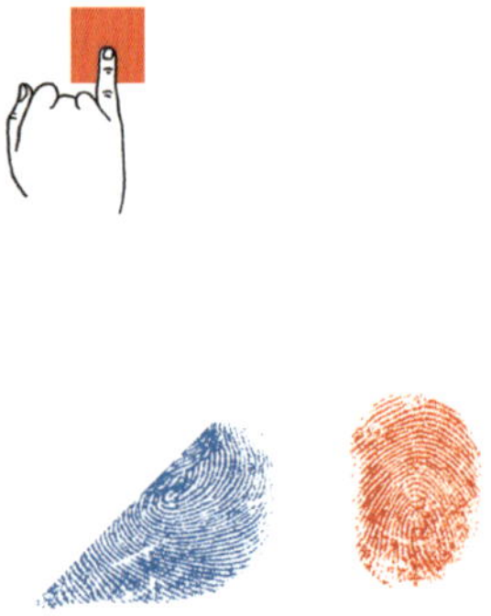 3

4 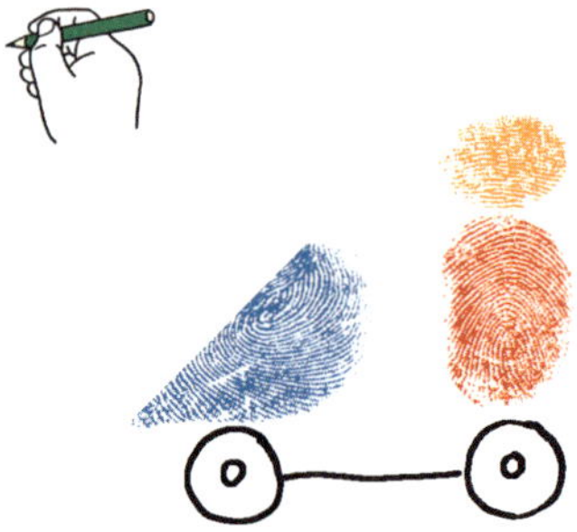 5  6

100

휠 로더 (프론트 티퍼보다 더 많은 양의 물건을 옮기는 차)

크레인 트럭

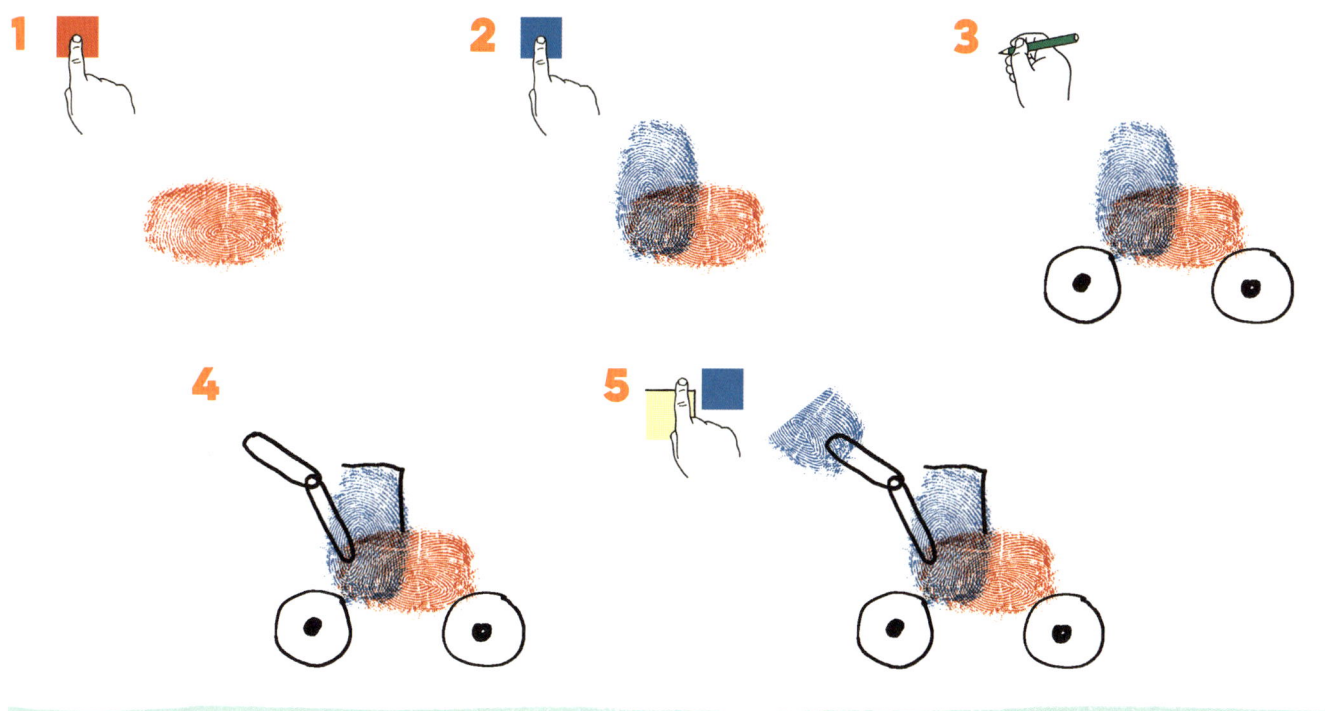

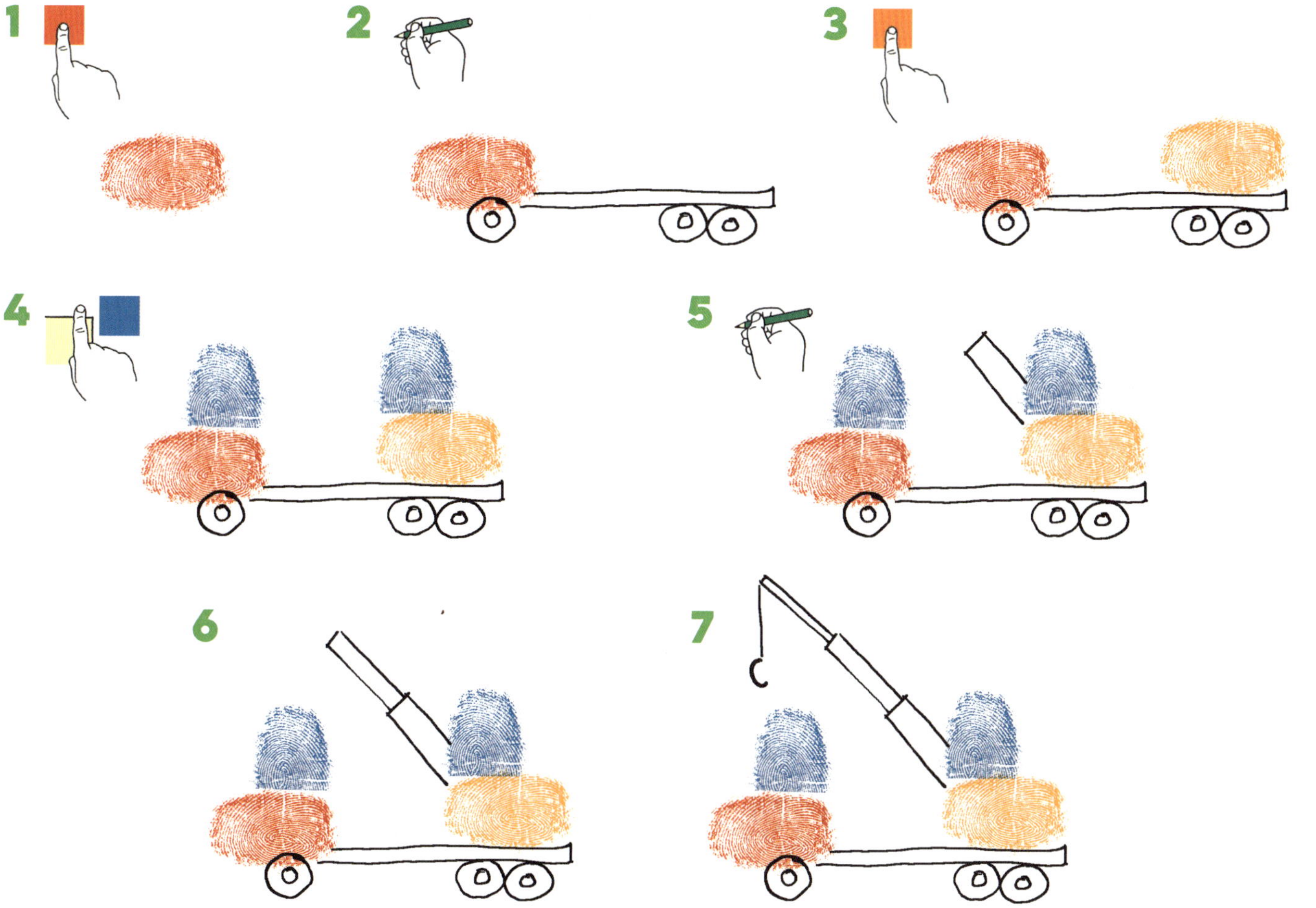

소형 굴착기

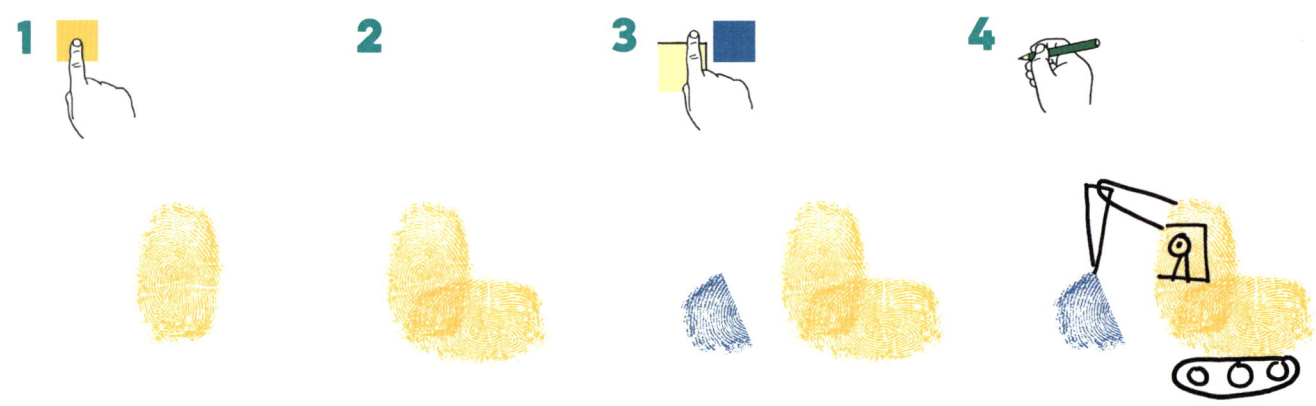

굴착기(포클레인)

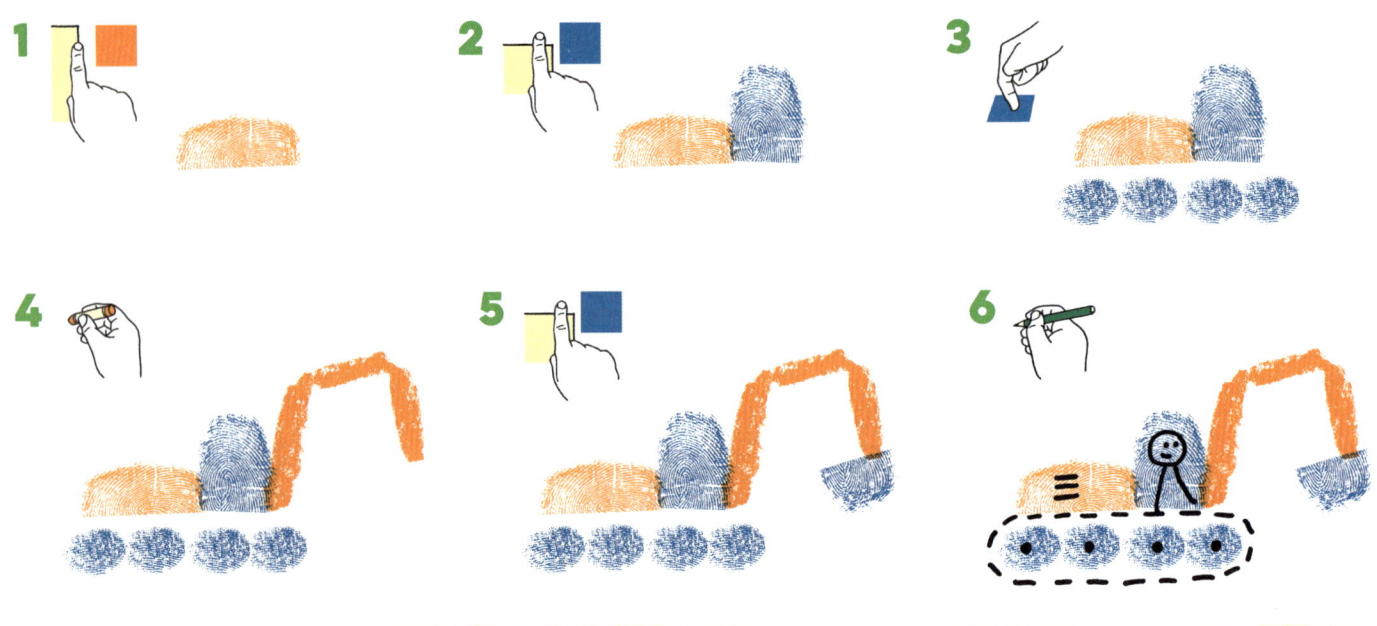

불도저

도로 롤러

흙을 다지는 기계

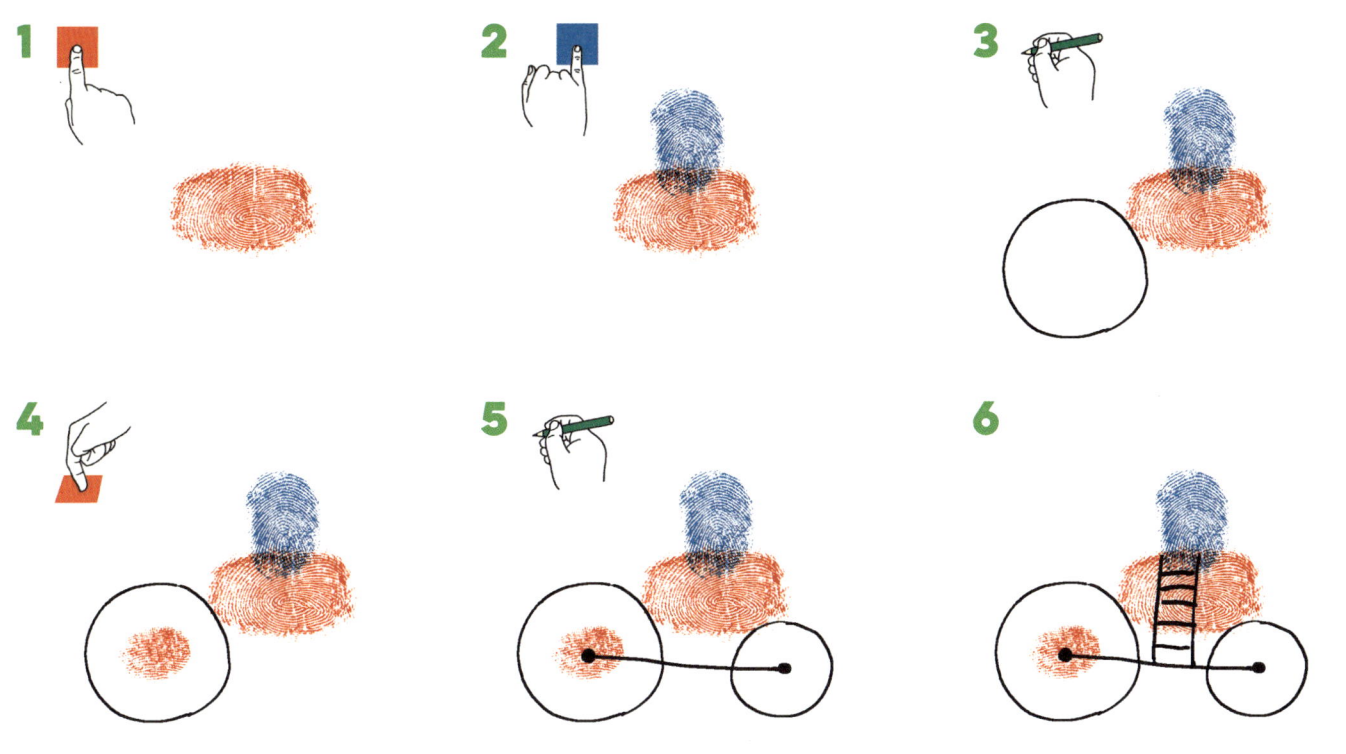

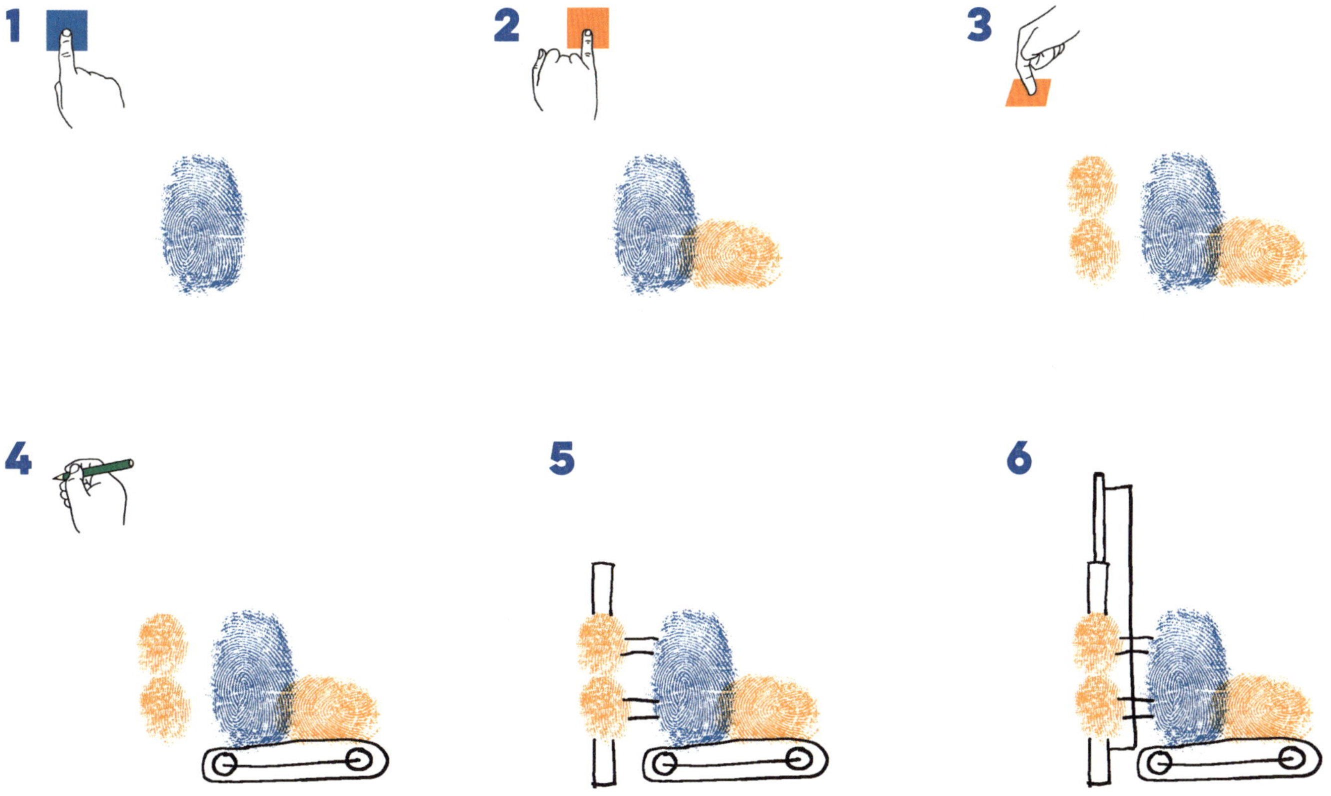

103

콤바인

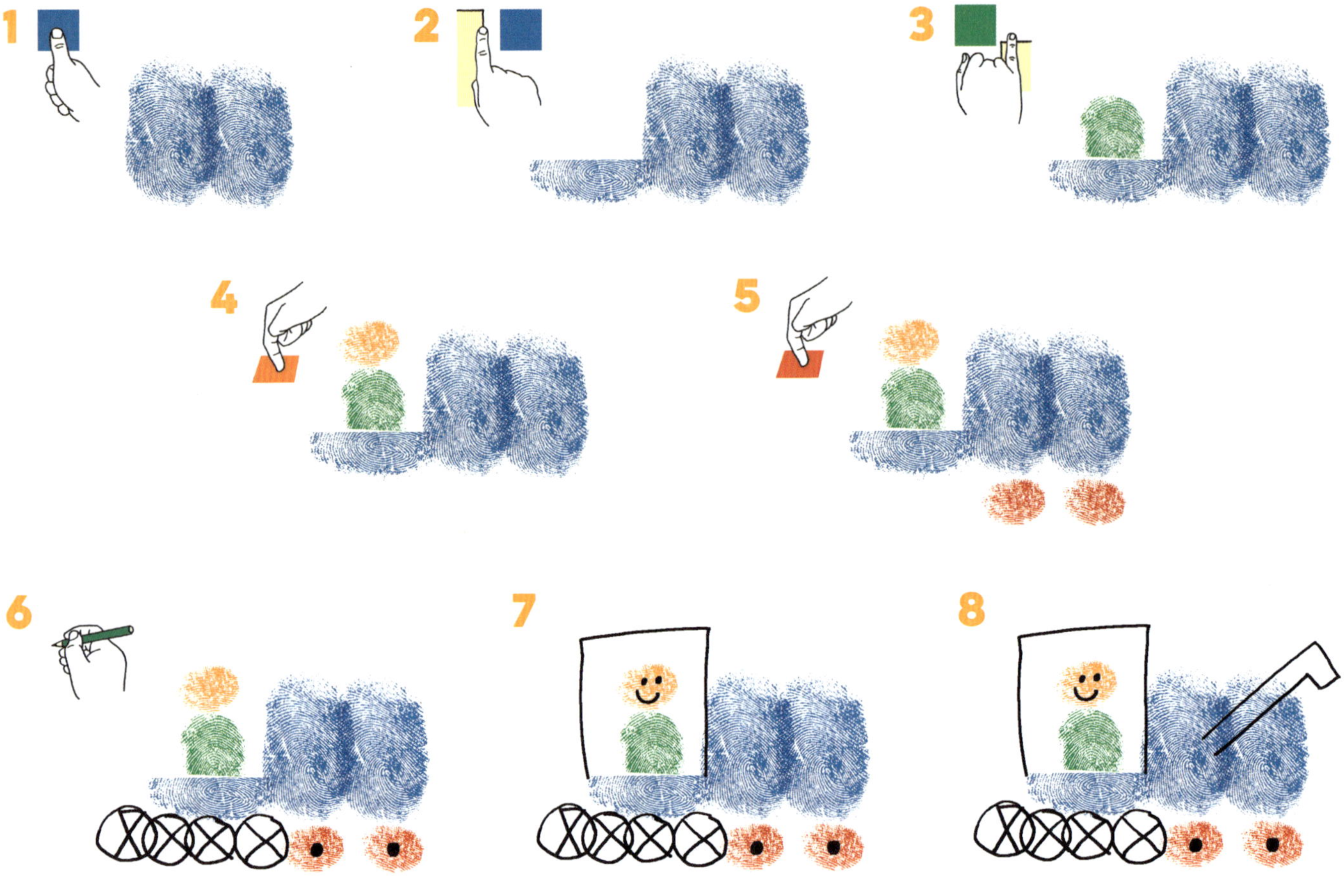

트랙터

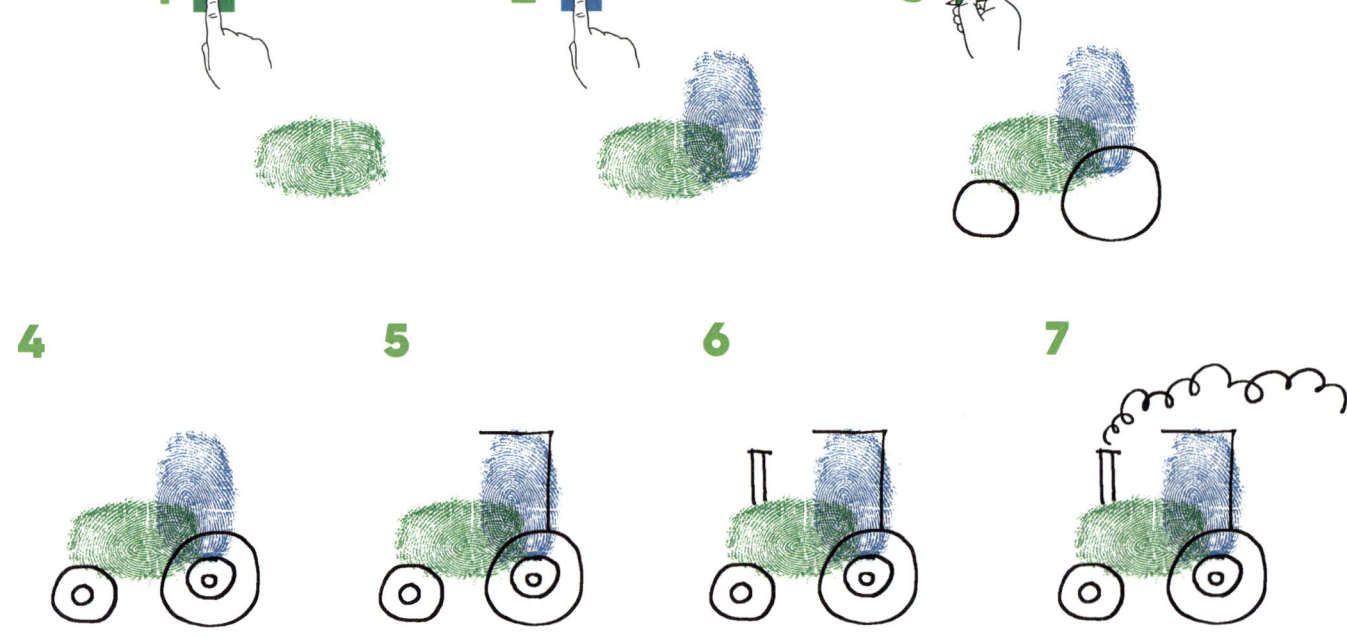

경운기

수확용 차량

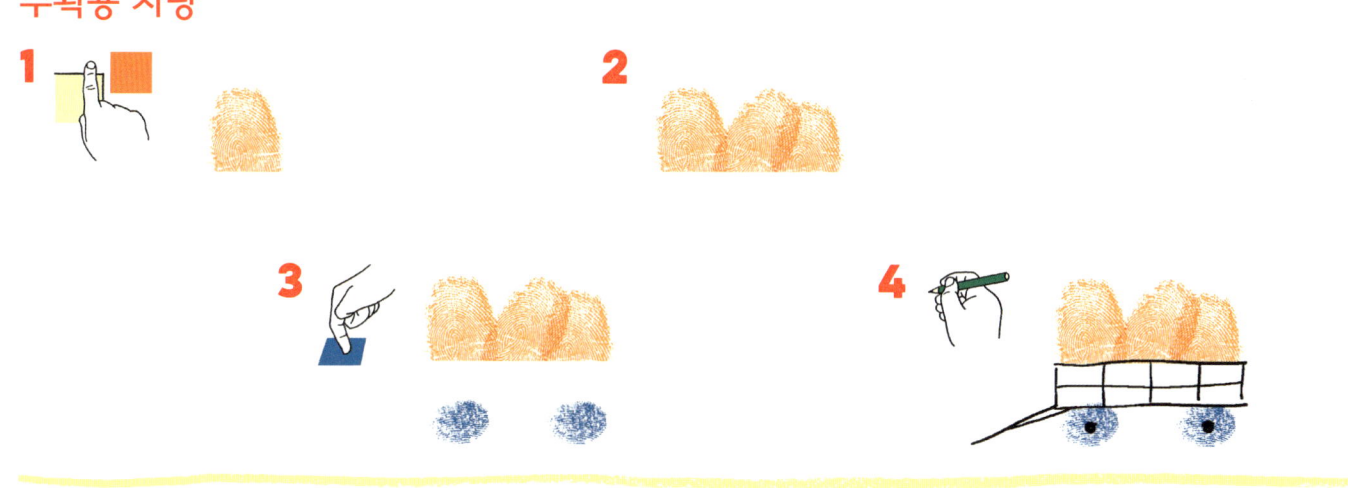

탱크 트레일러

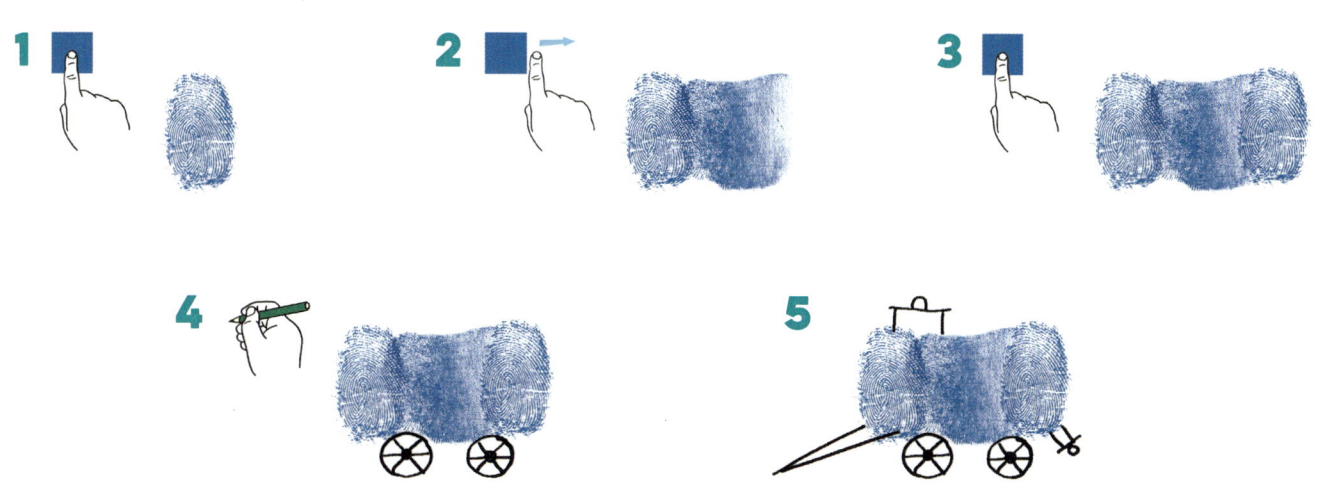

범선

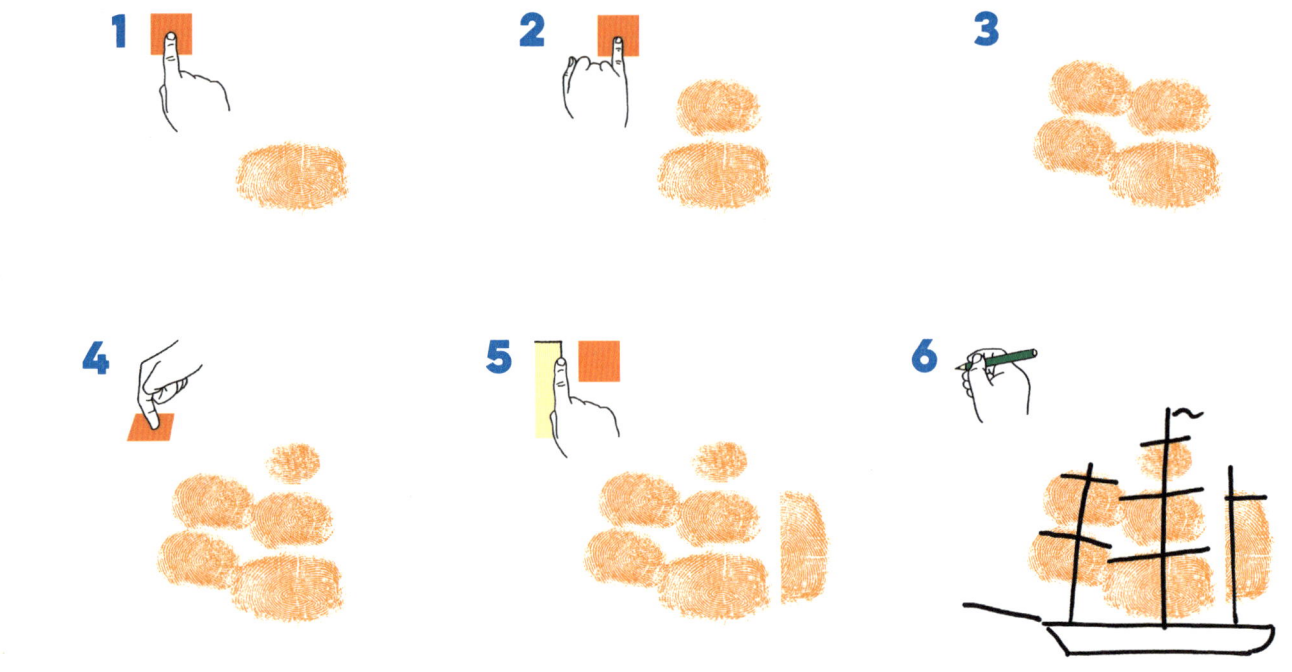

정크선(돛대가 셋이고 밑이 평평한 중국 배)

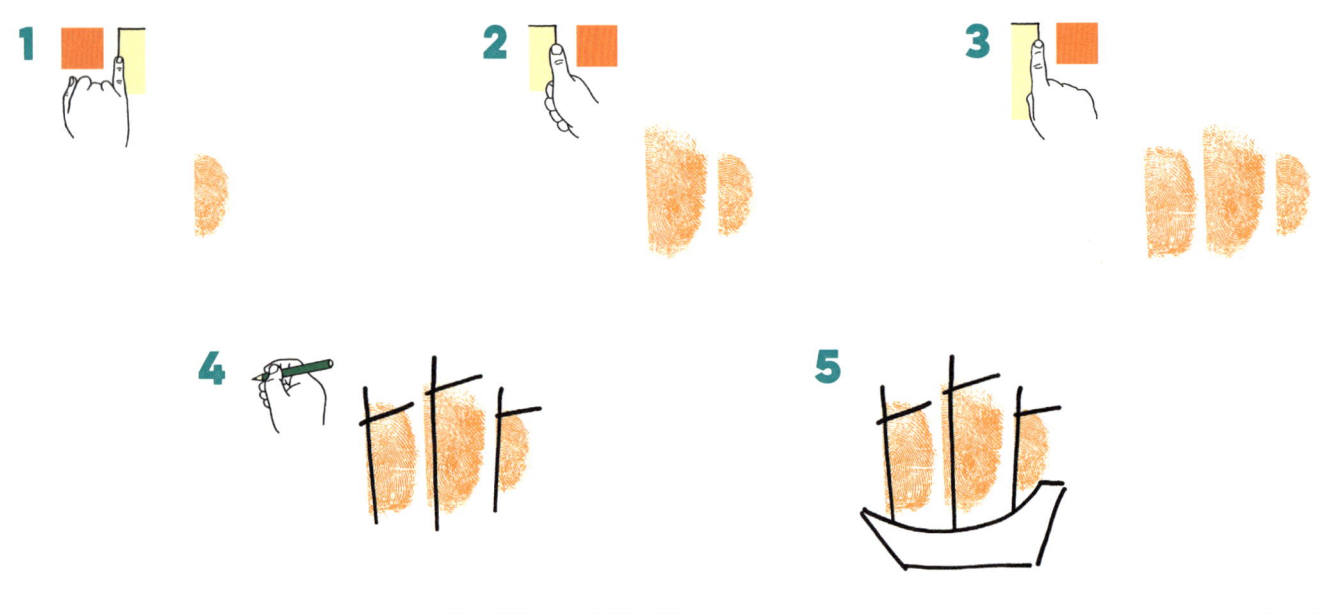

잠수함

바퀴 달린 증기선

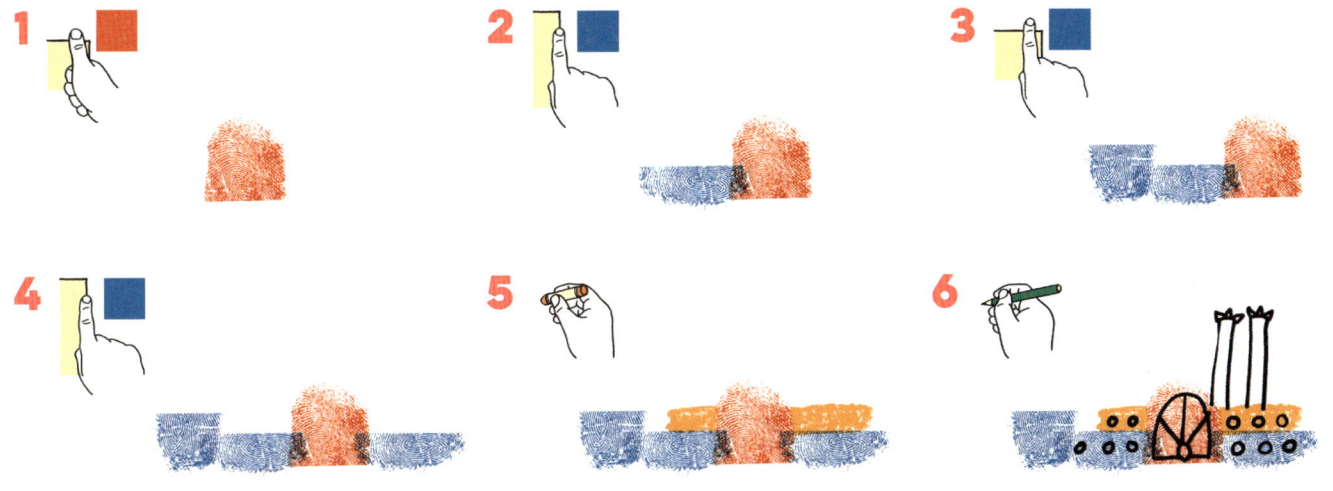

곤돌라

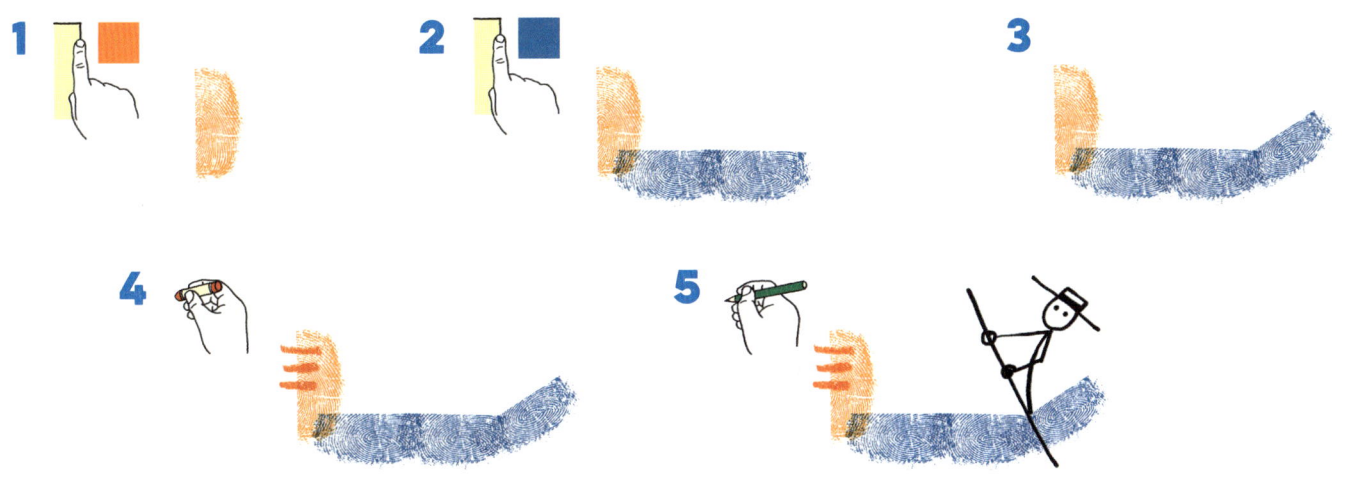

고무 보트

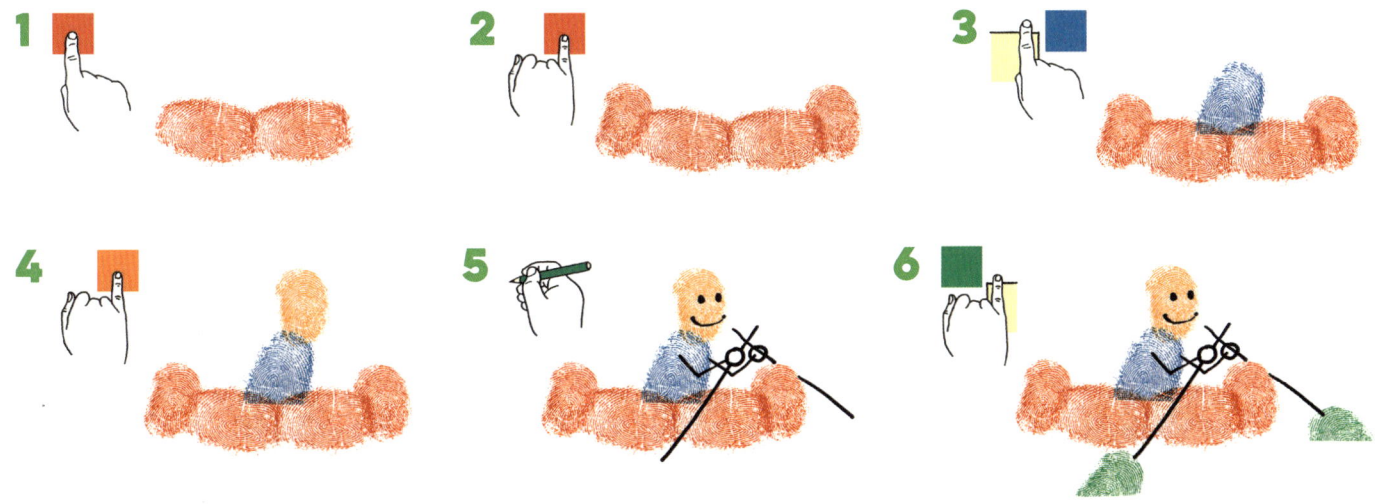

복엽 비행기

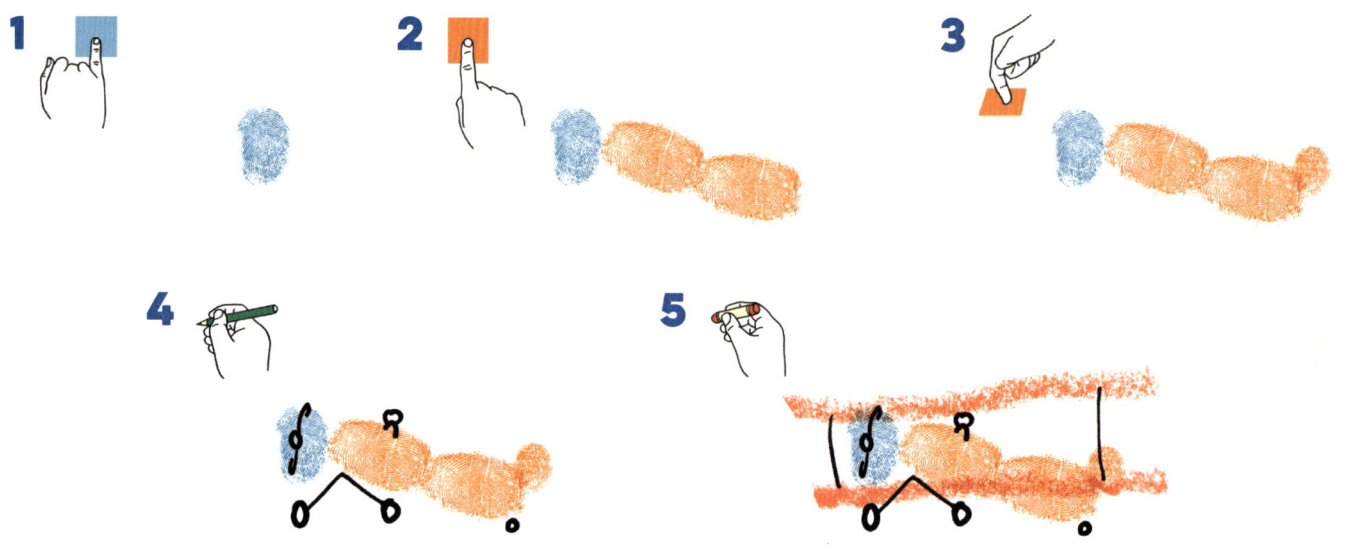

스포츠 비행기

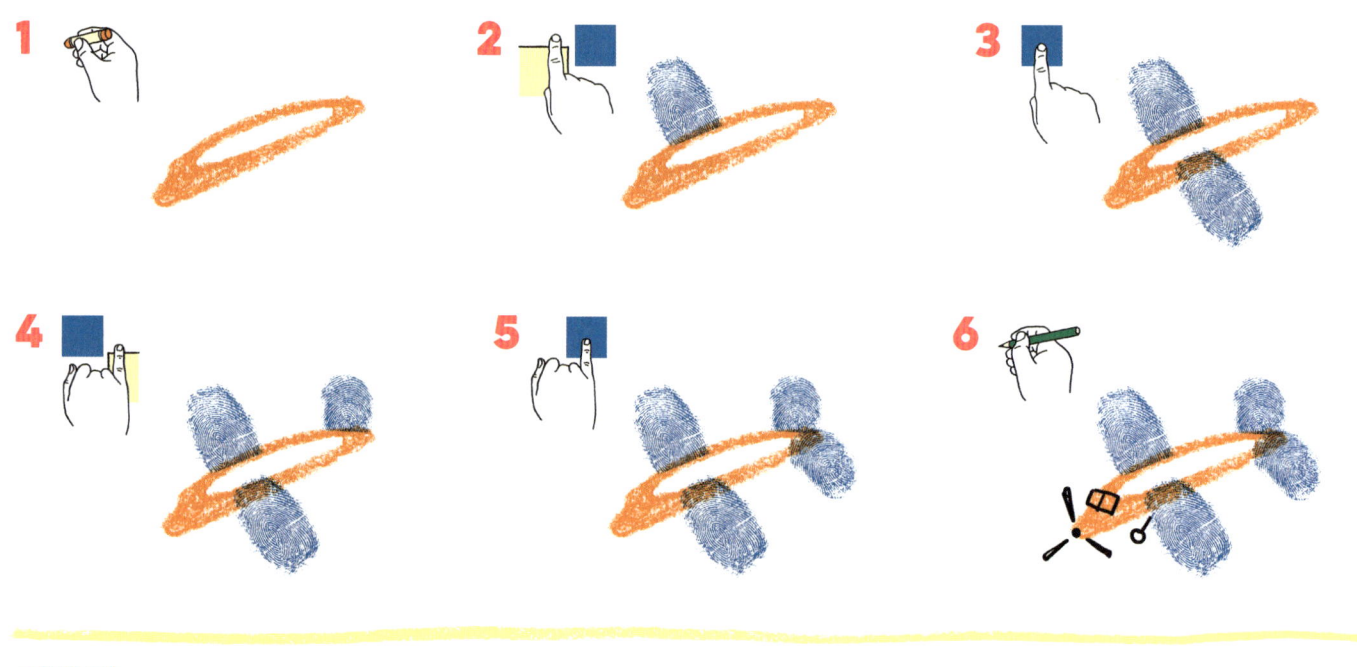

여객기

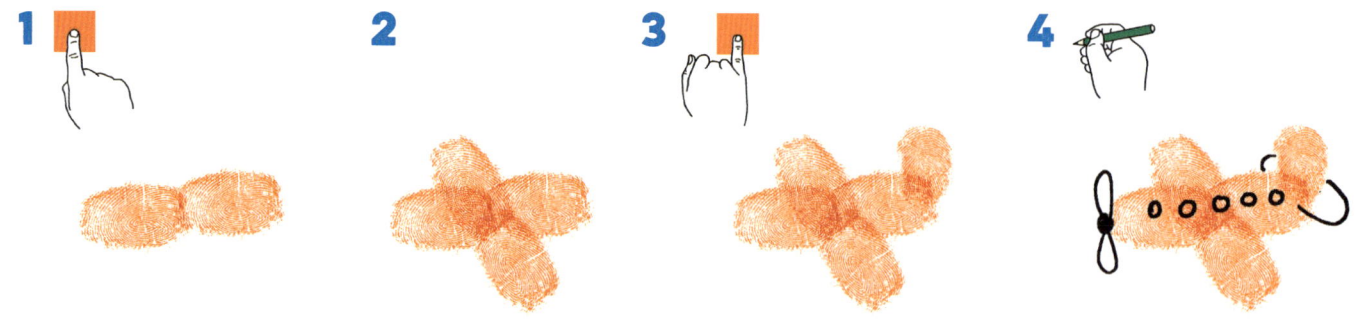

헬리콥터

수송 헬리콥터

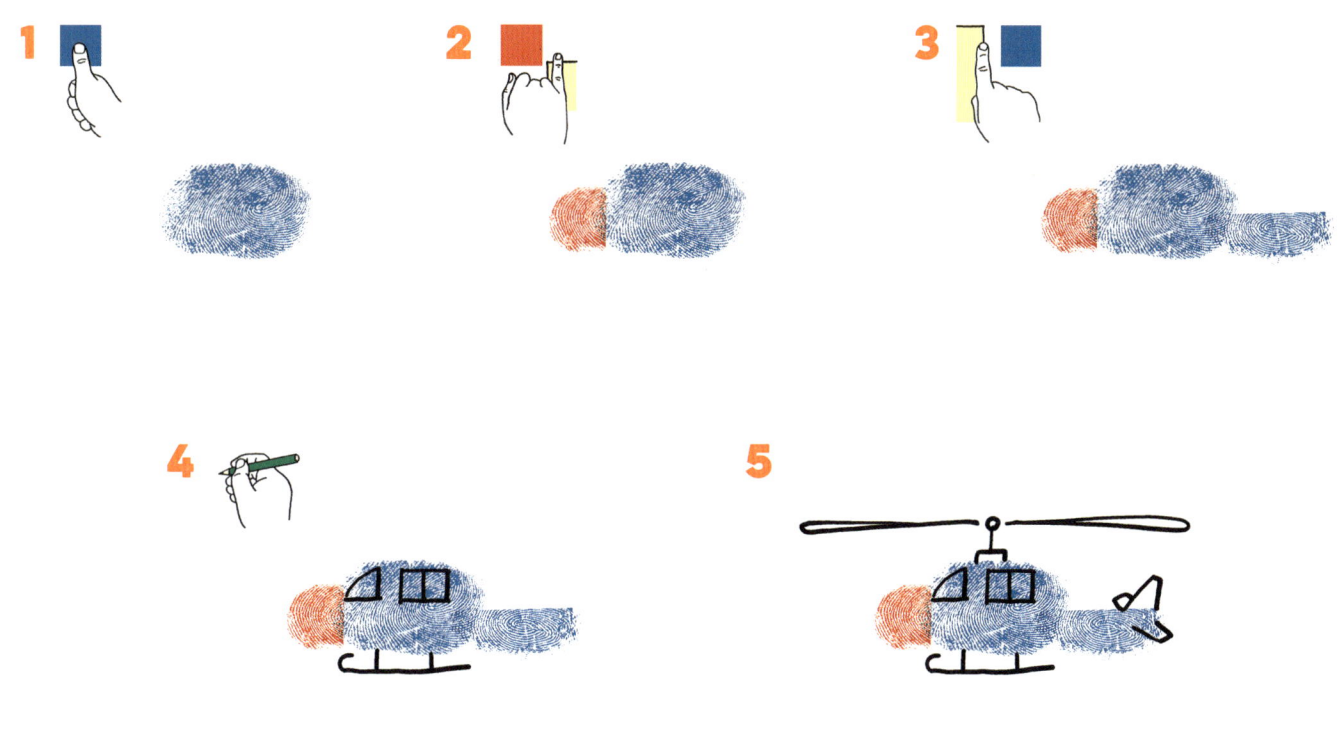

열기구

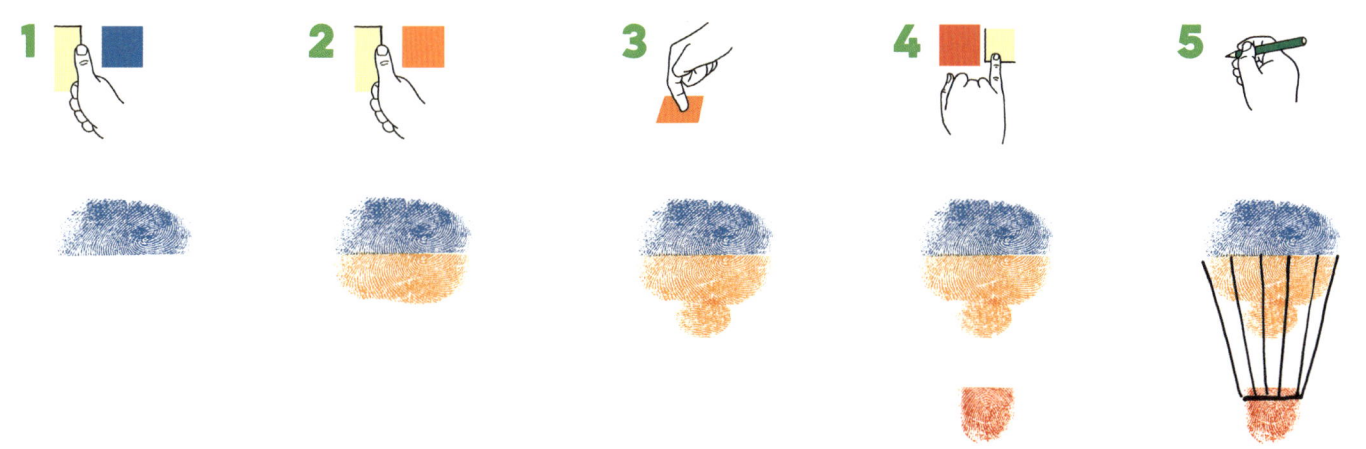

비행선

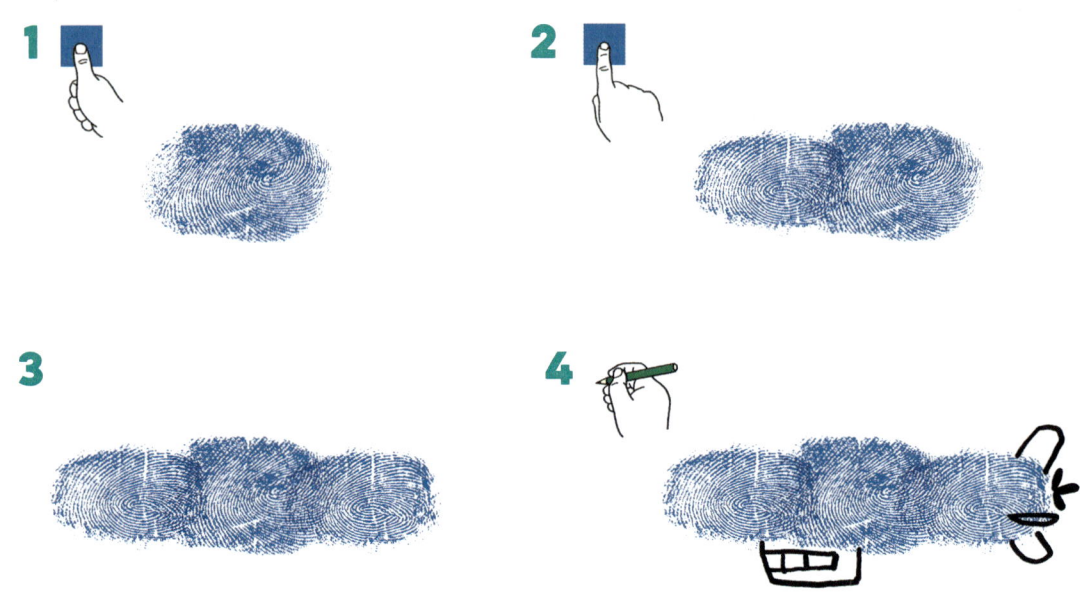

로켓

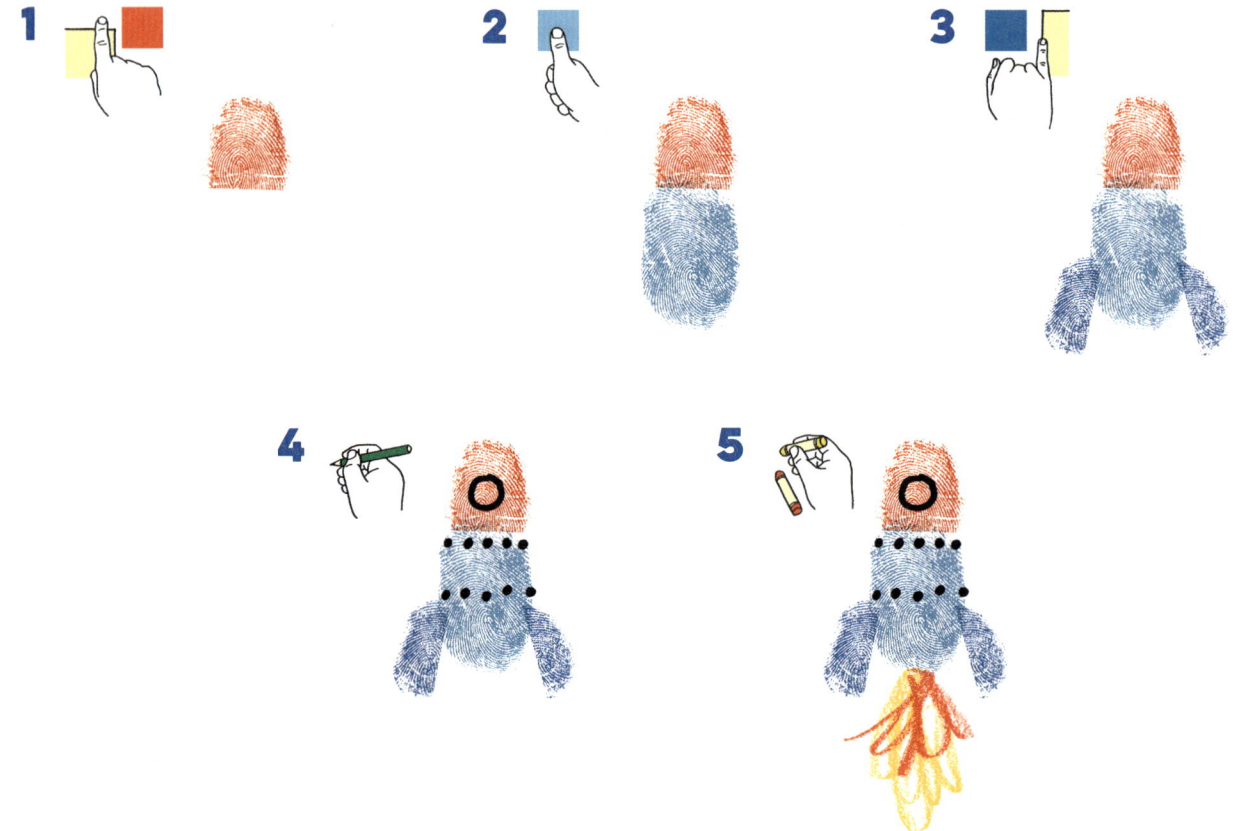

우주 왕복선

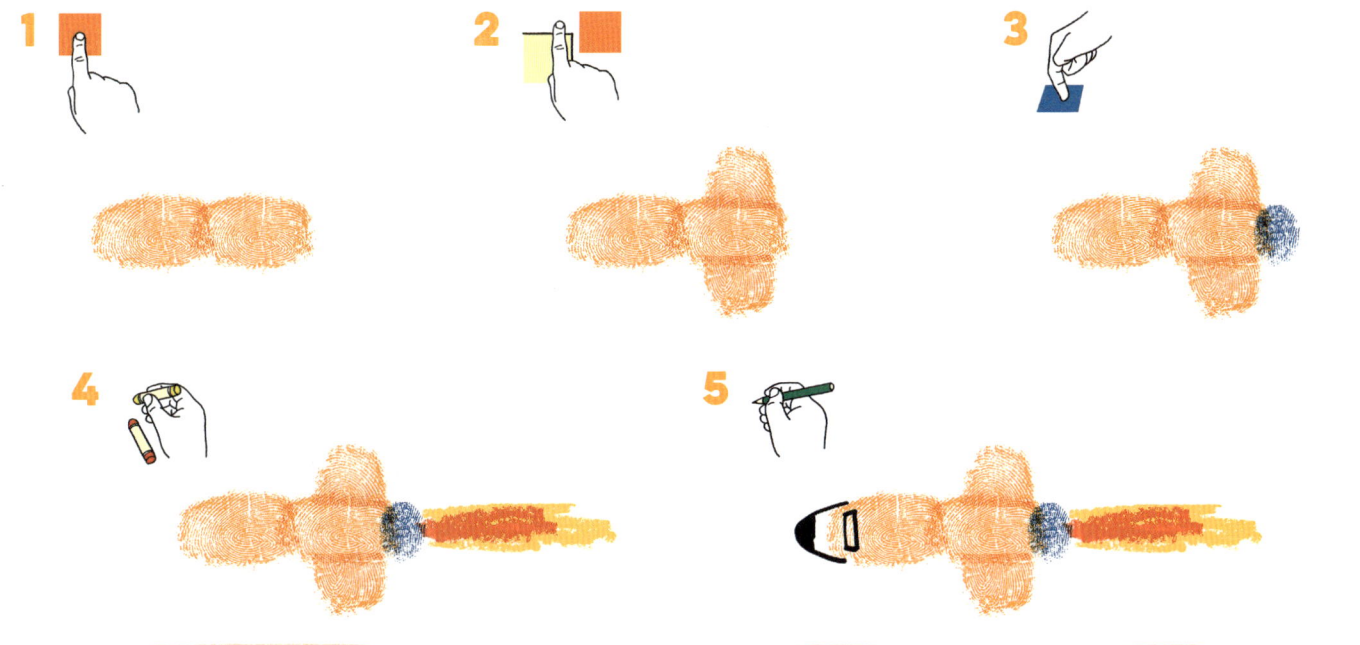

인공위성

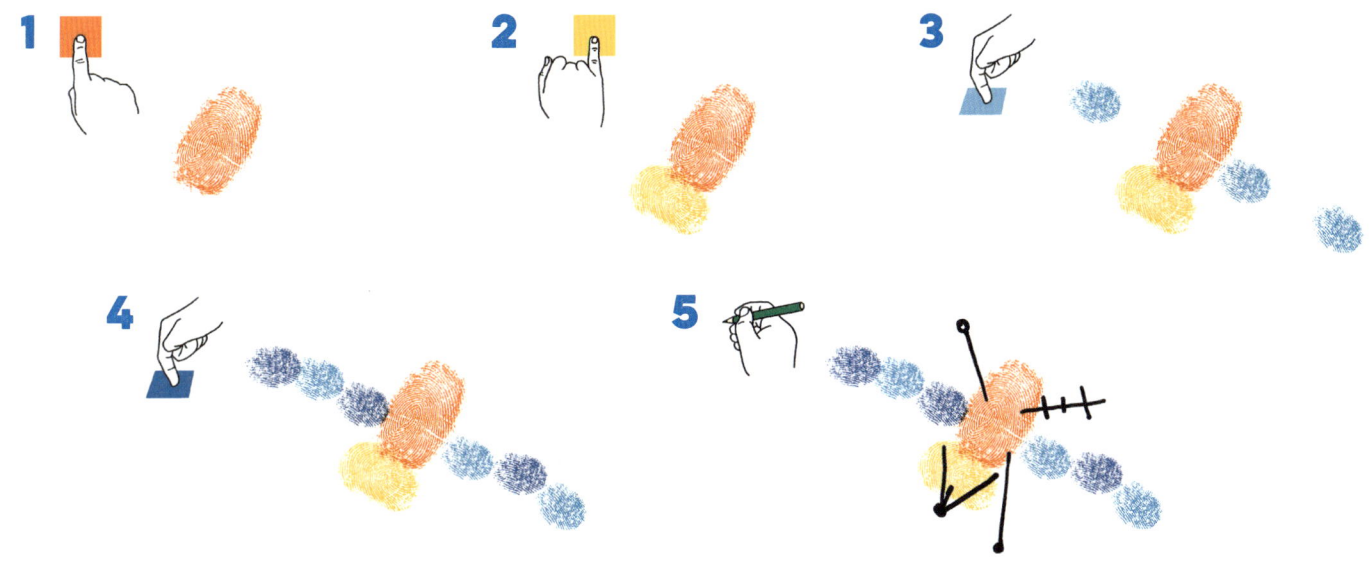

UFO

사과

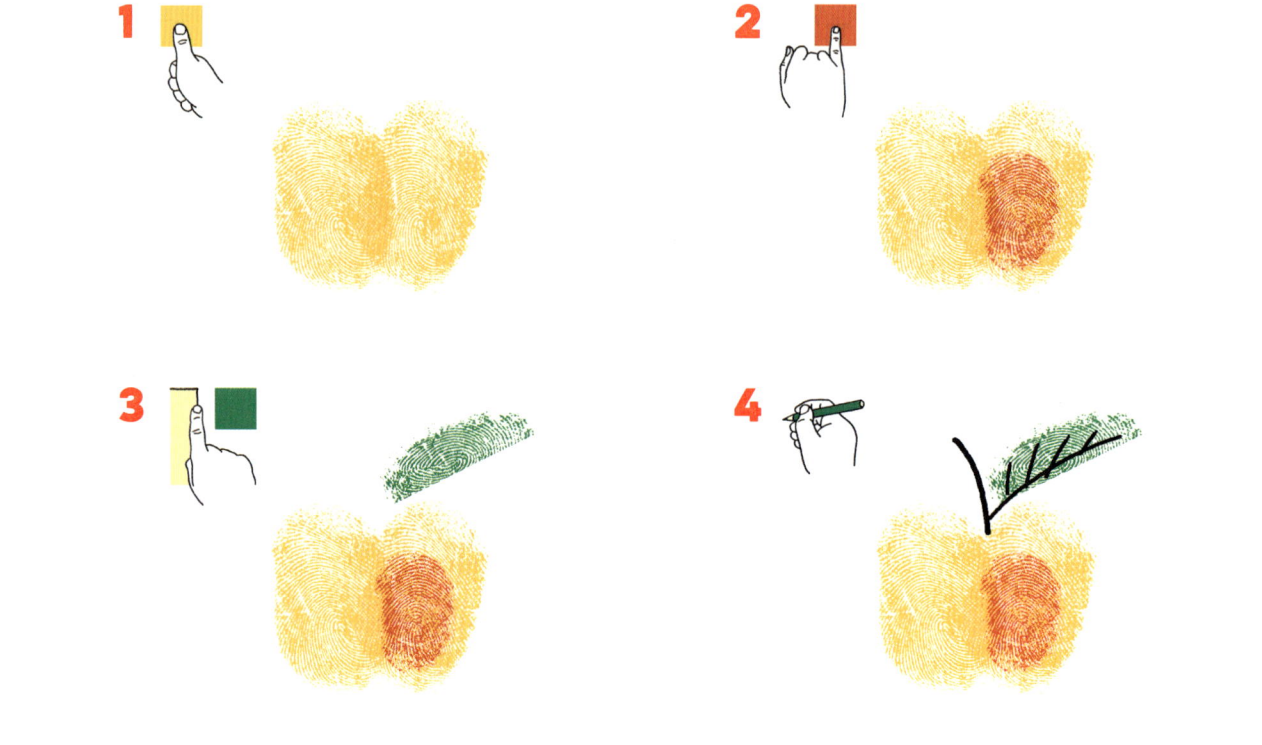

사과(과일 상자)

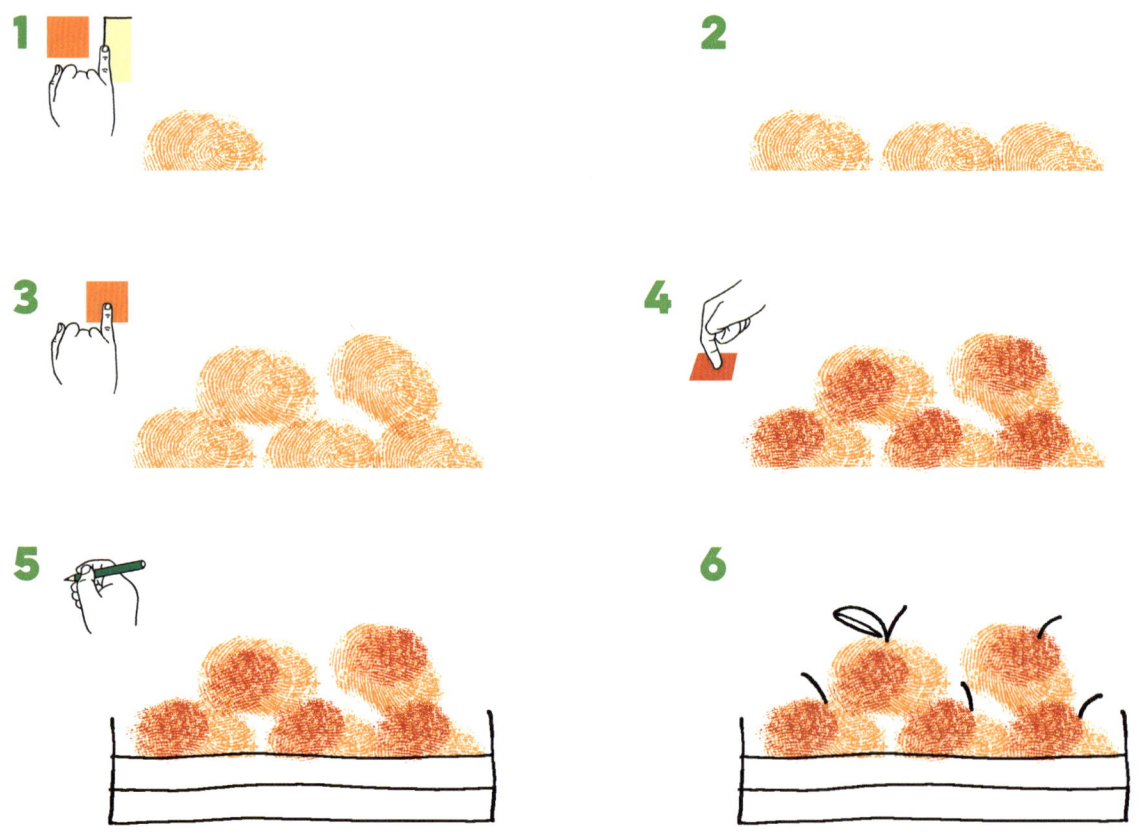

체리

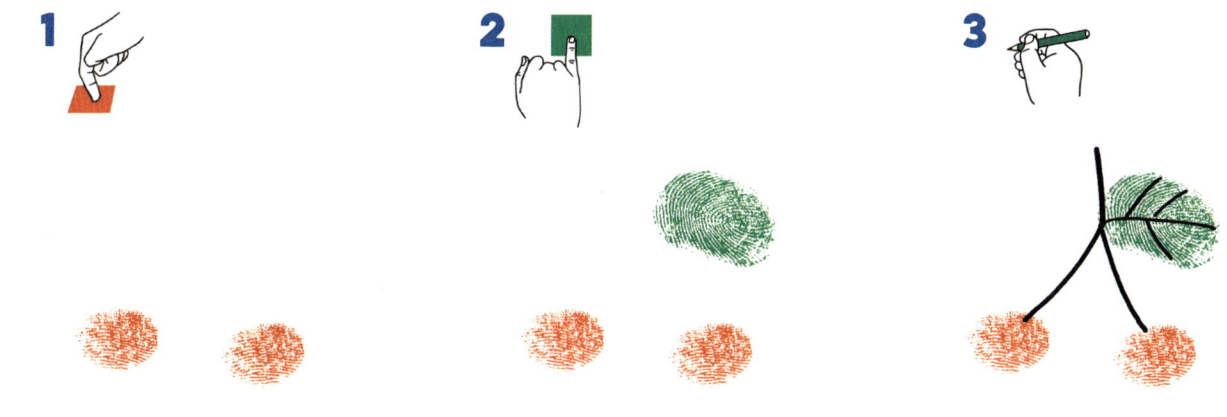

체리(바구니)

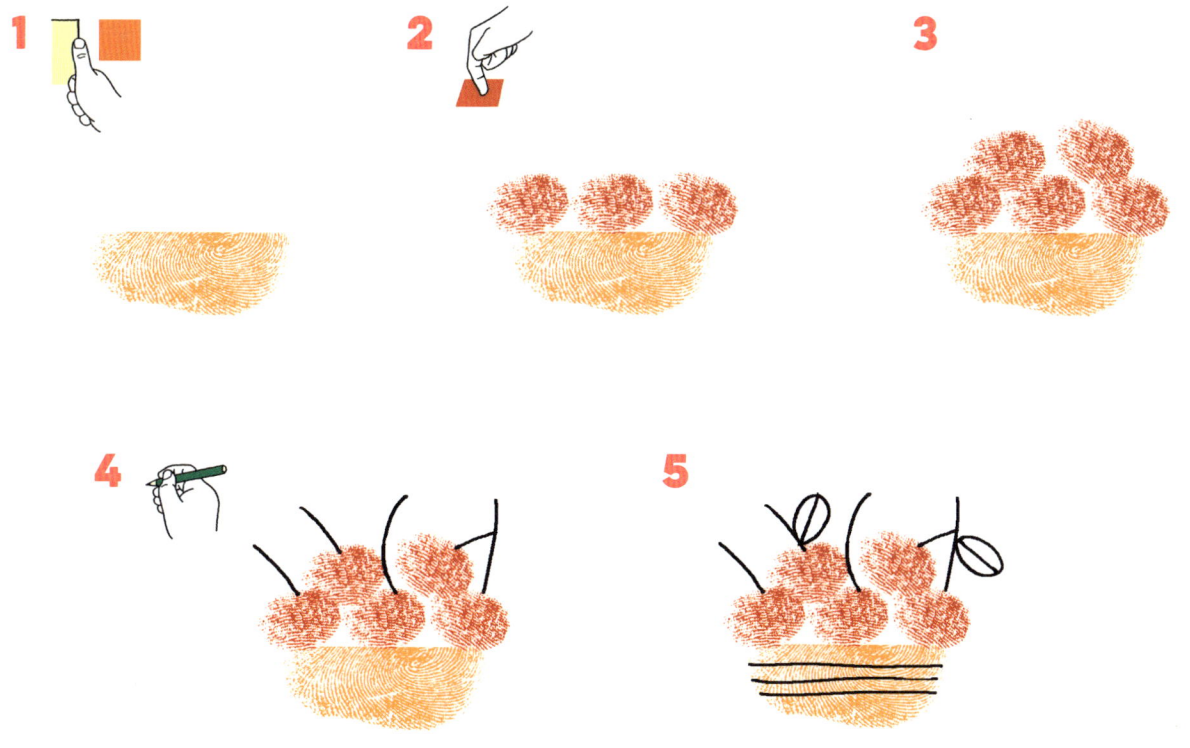

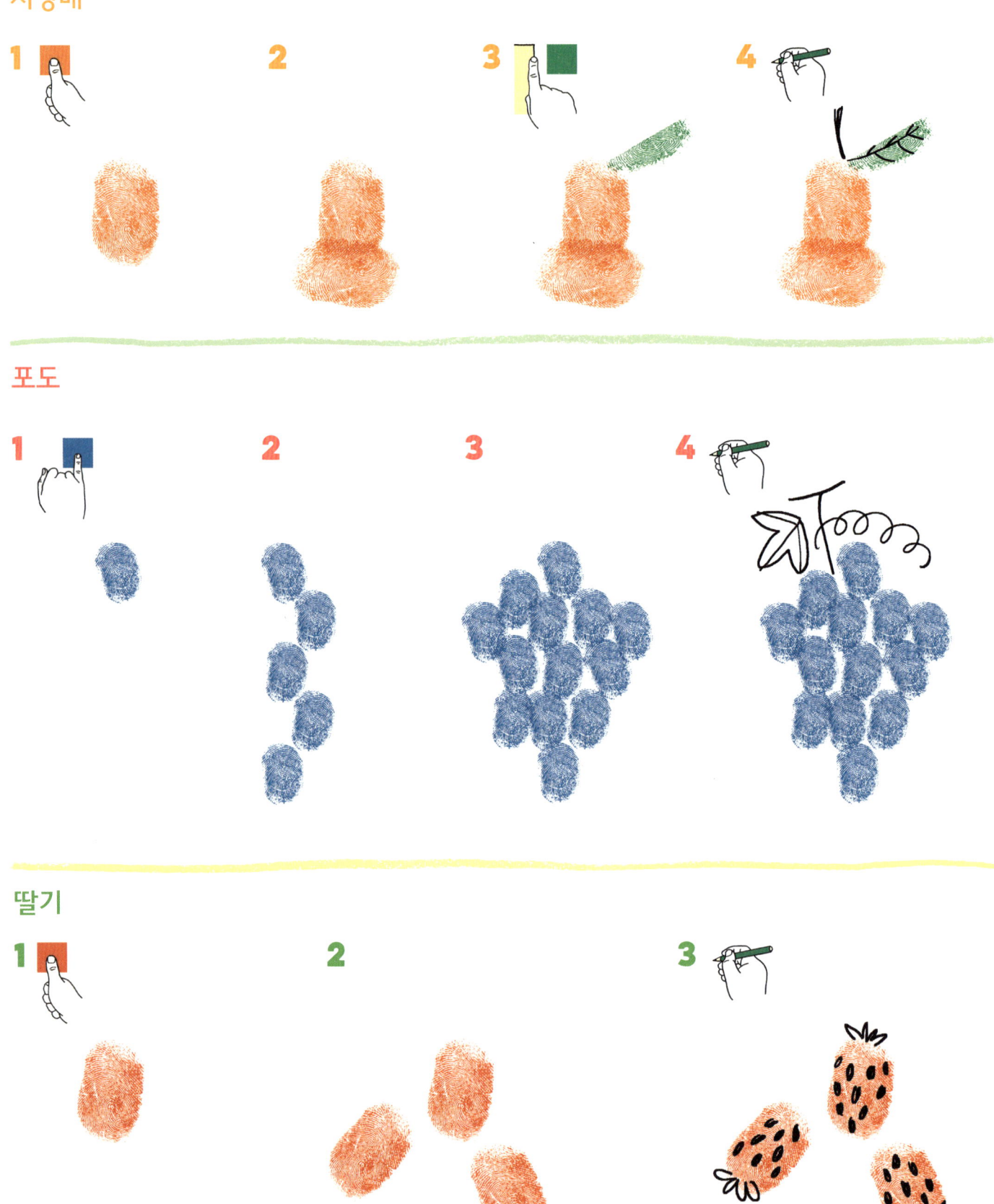

파인애플

곡물

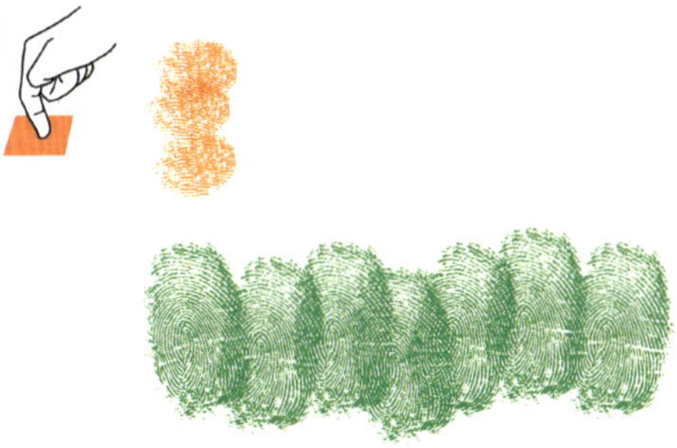

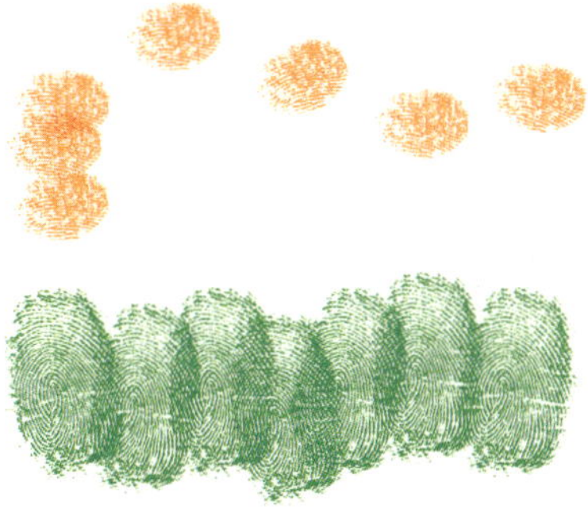

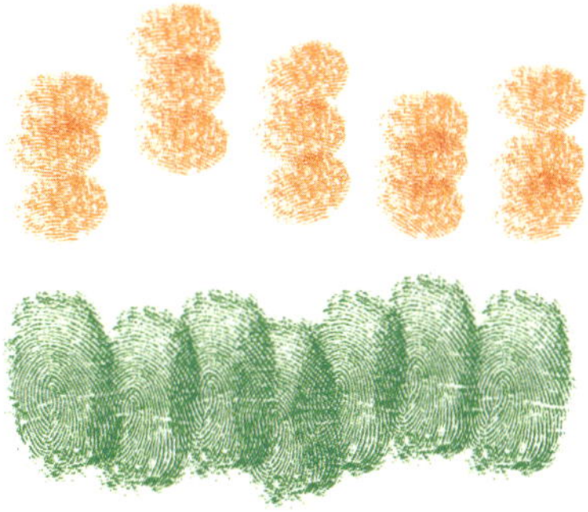

양배추

호박

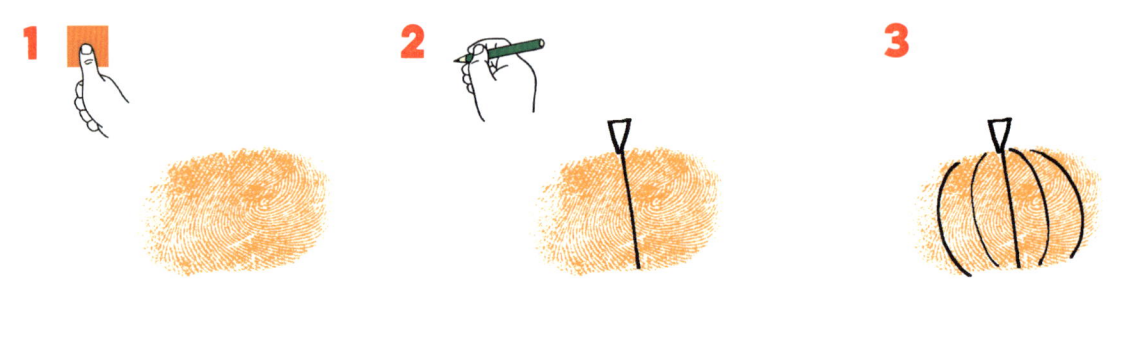

오이

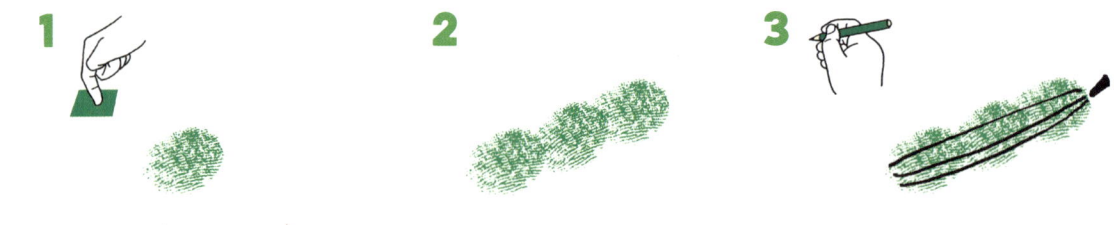

해바라기

꽃

튤립

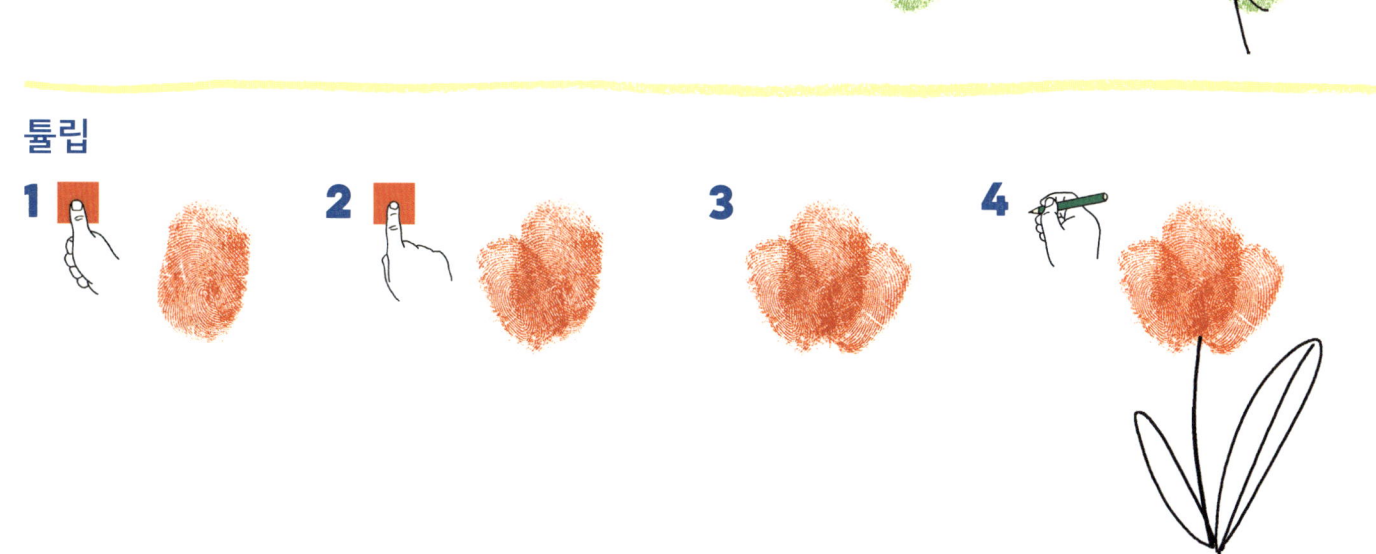

버섯

침엽수

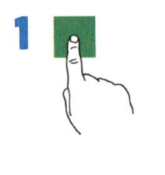

자작나무

활엽수

야자수

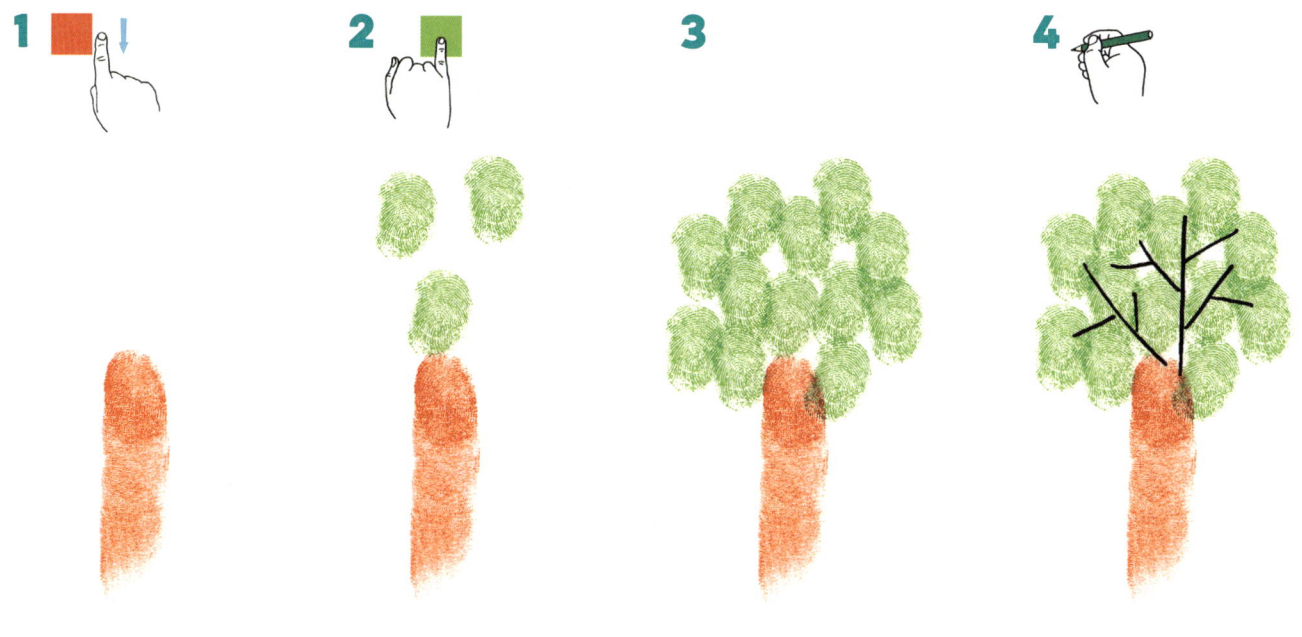

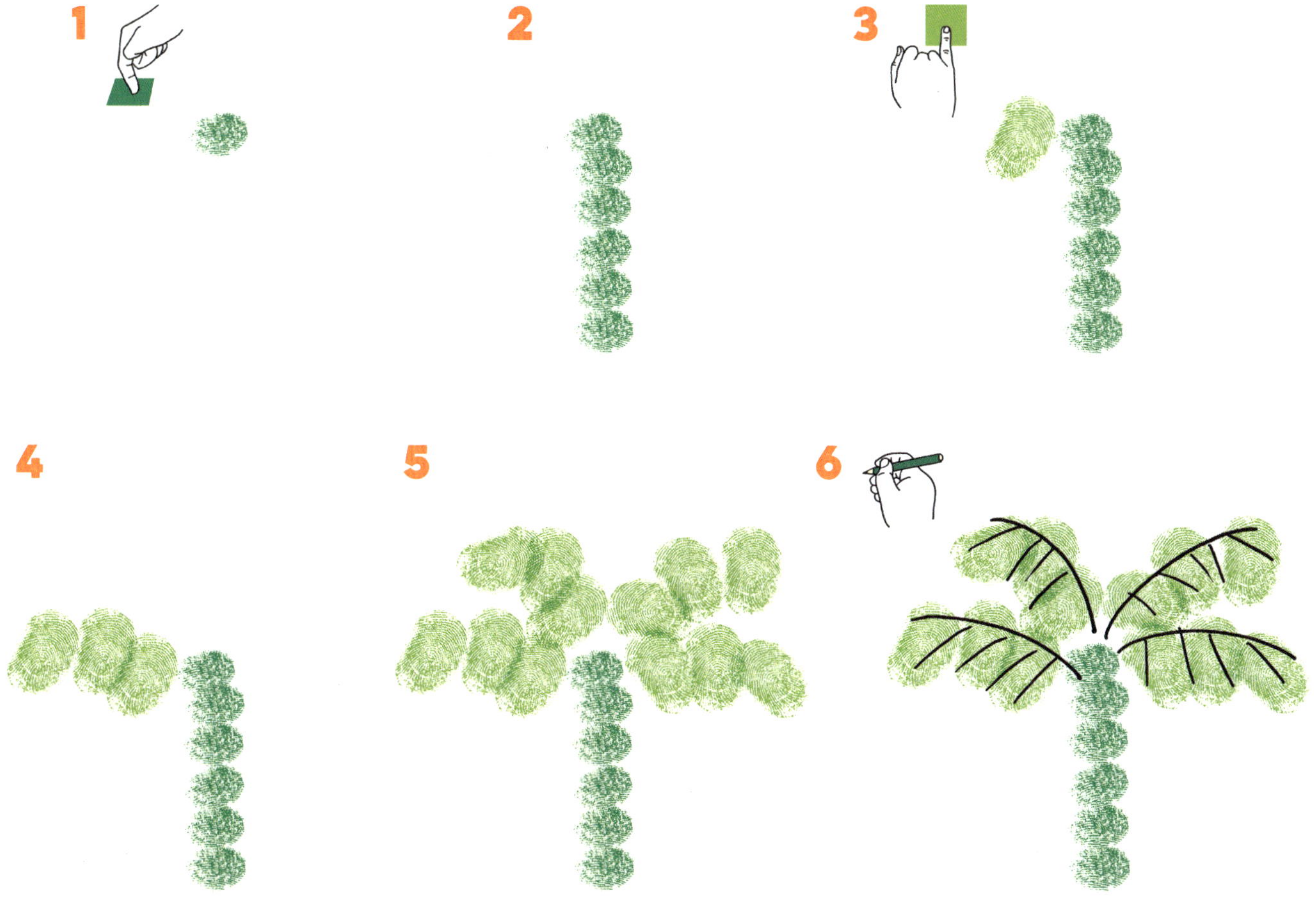

농장

헛간

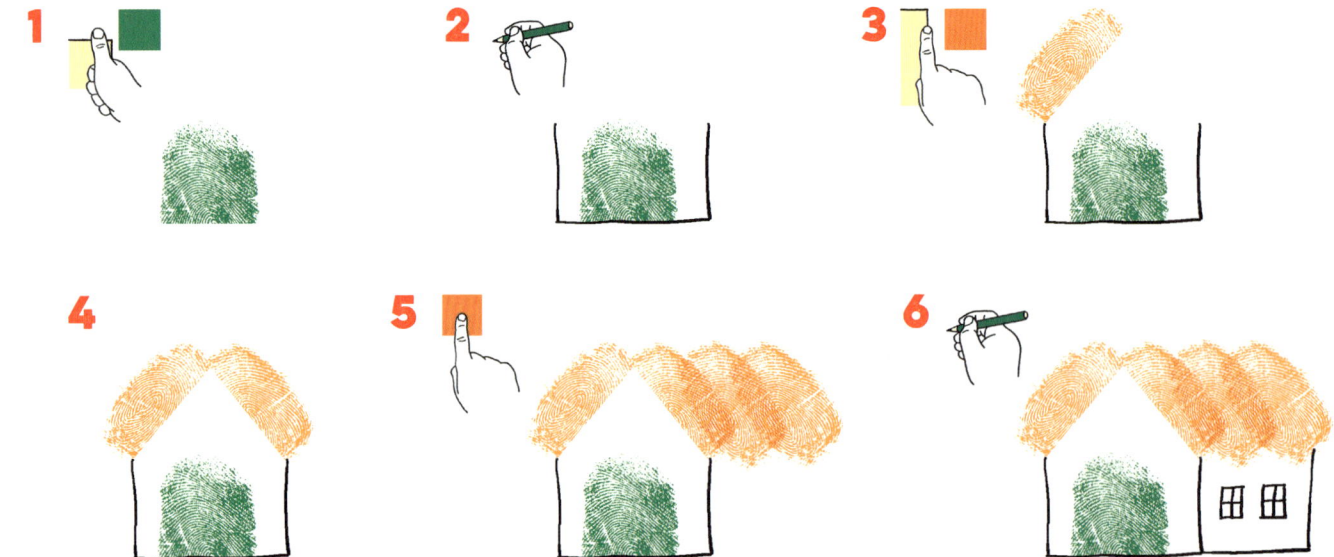

우유통

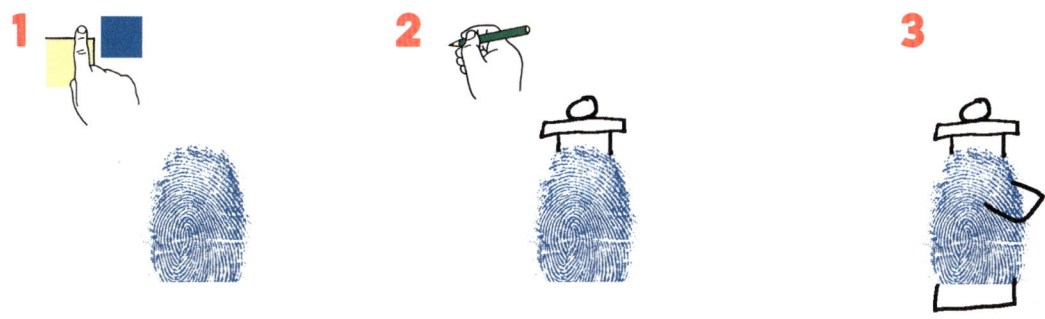

허수아비

곡물 자루

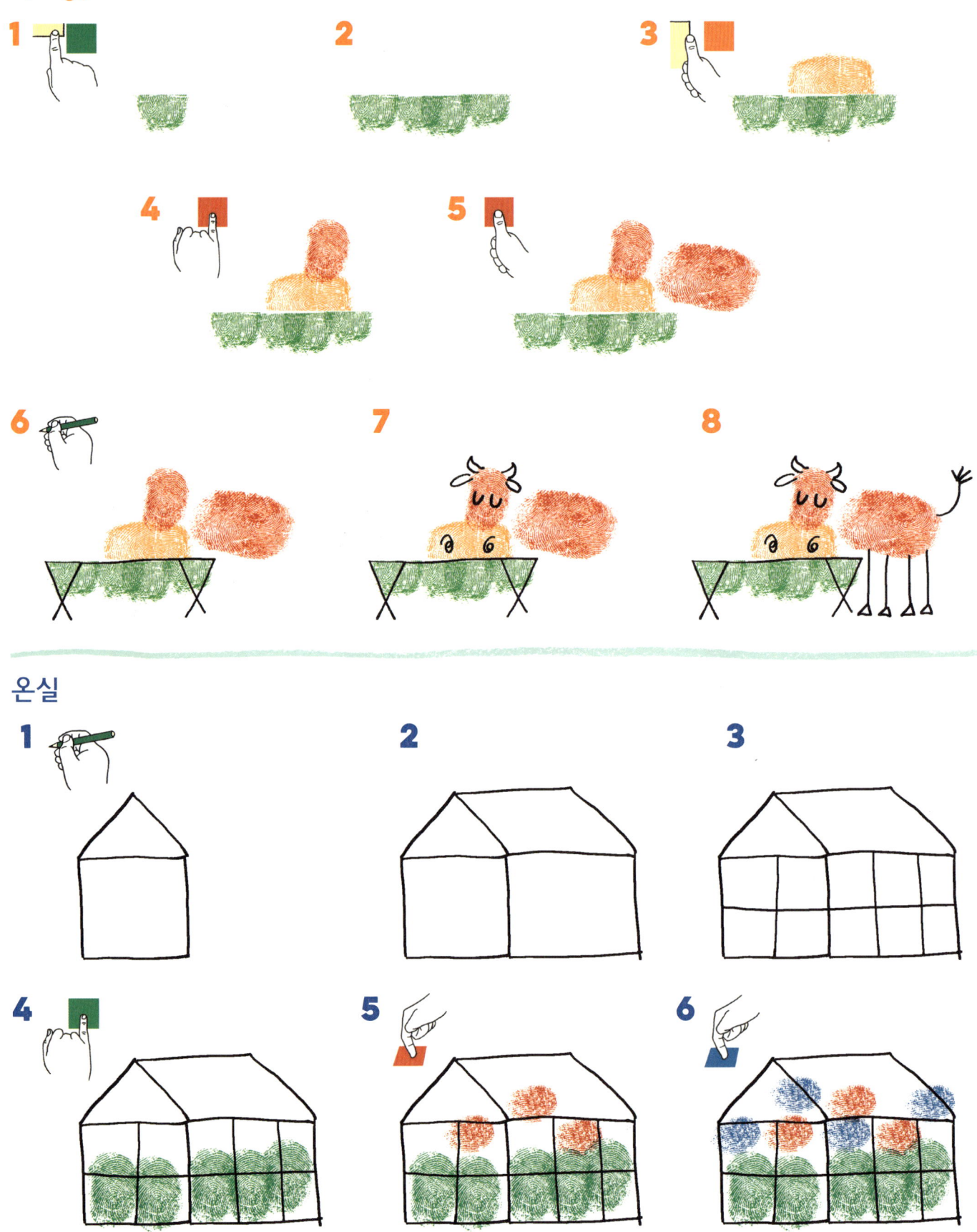

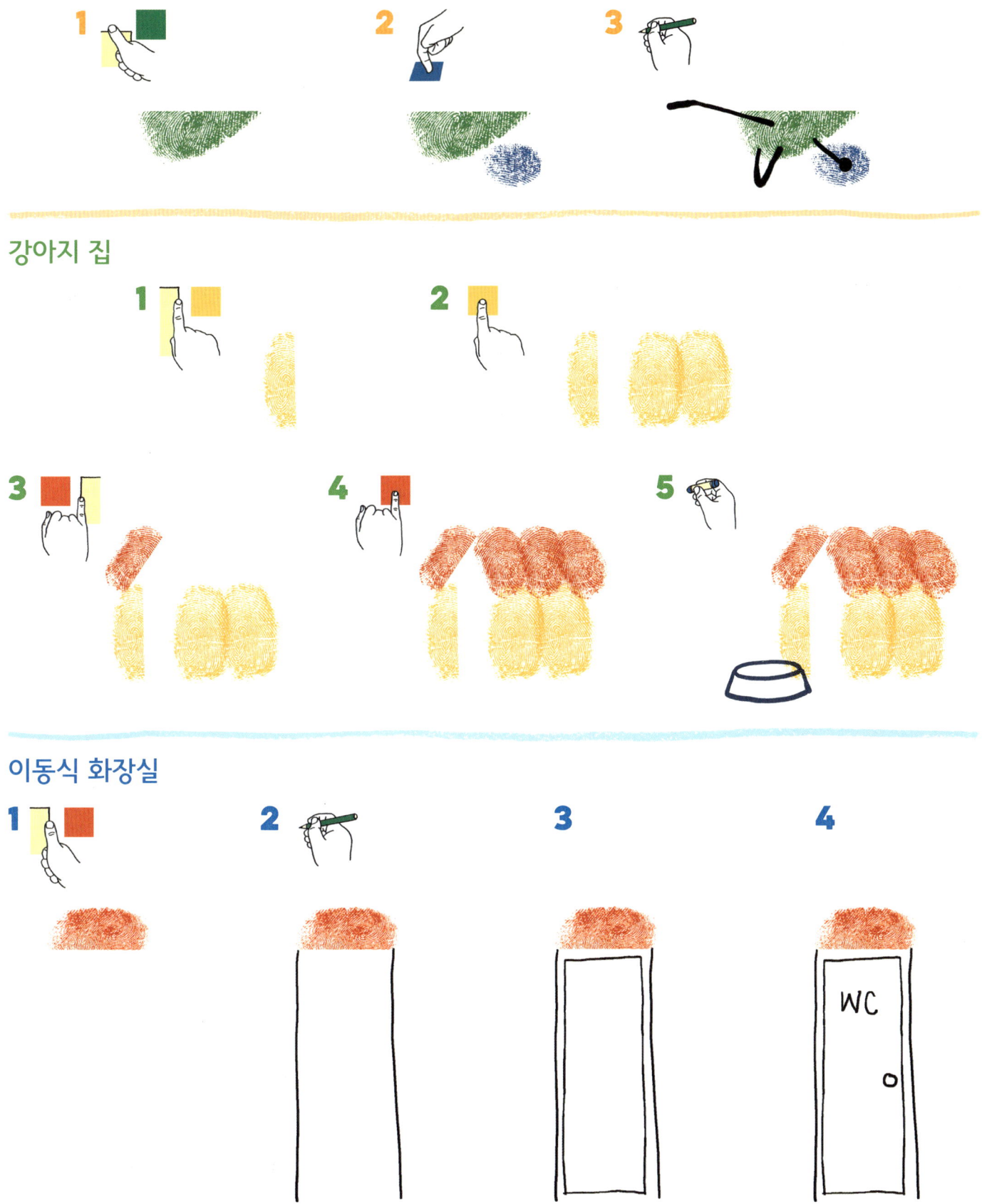

타워 크레인

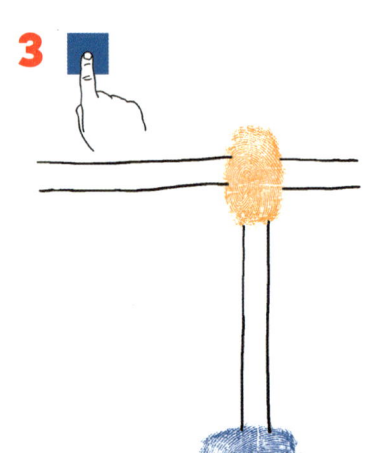  

주탑

  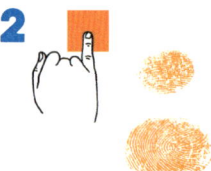 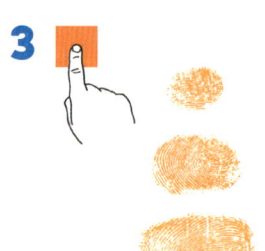 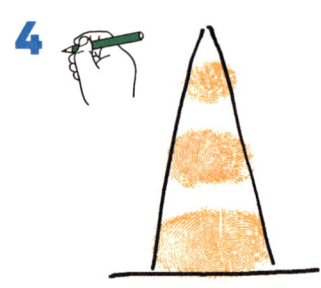

차단목

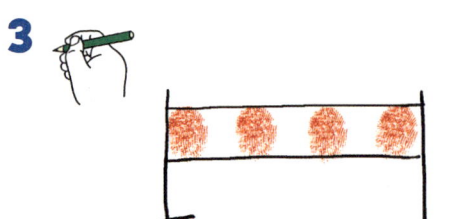 

건설현장 표지판

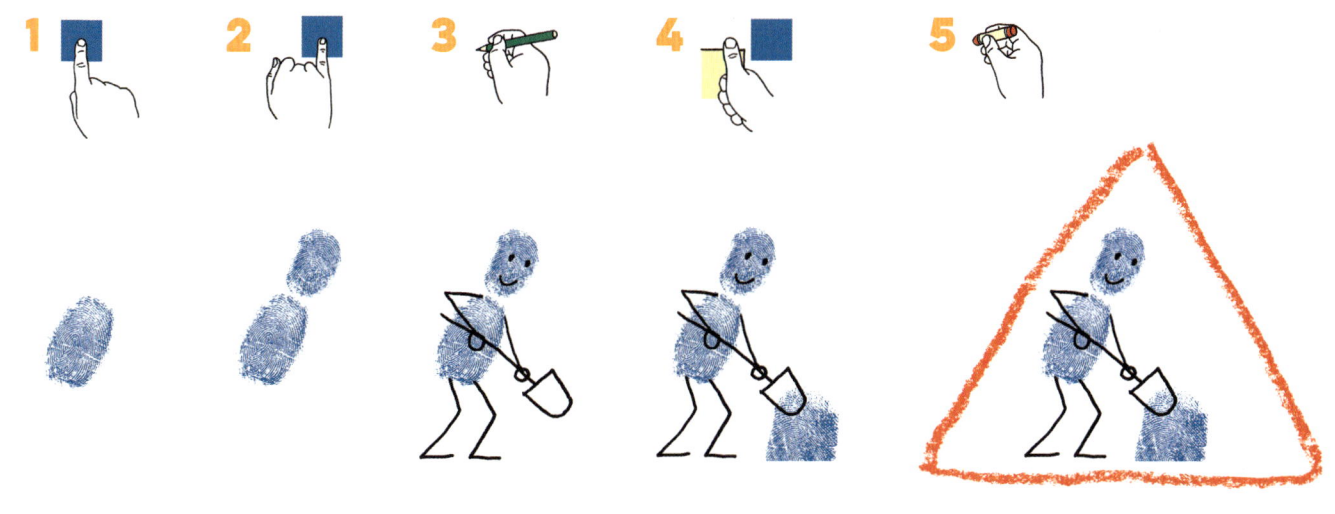

레미콘

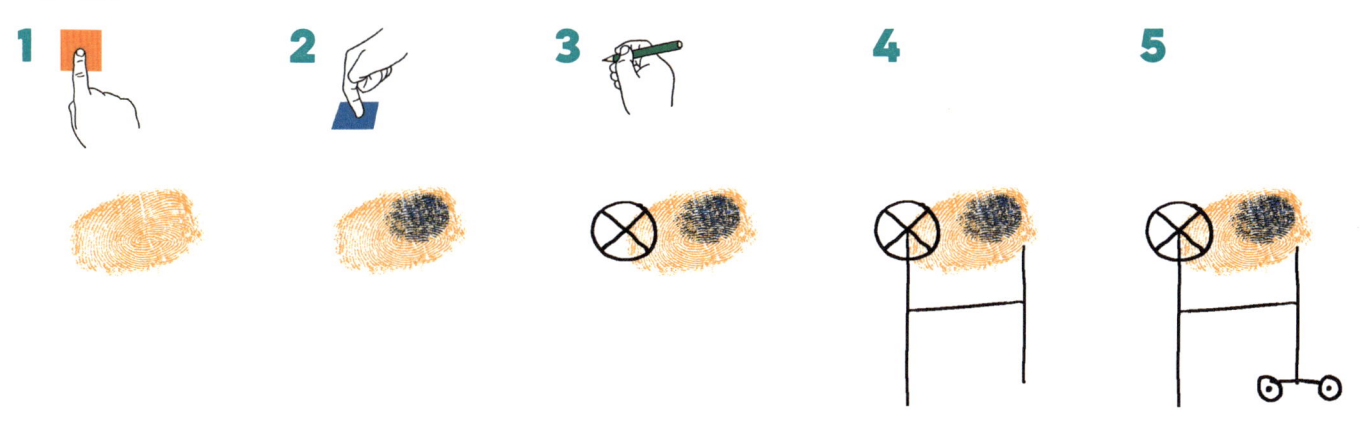

교통 표지판

찾아보기

U

UFO 111

ㄱ

가고일(괴물 형상의 장식물) 69
강도 57
강아지 집 123
강아지-1 9
강아지-2(테리어) 9
강아지-3(퍼그) 9
강아지-4(푸들) 10
개 썰매 91
개구리 28
개미 31
개미핥기 22
거미 32
거북이 28
거위 34
거인 84
건설 노동자 48
건설 노동자(땅 고르기) 49
건설 노동자(땅 파기) 49
건설 노동자(망치질) 48
건설 노동자(청소) 48
건설 노동자(페인트 칠하기) 49
건설현장 표지판 125
건축가 50
게 42
견인차 97
경운기 105
경찰관 57
경찰차 94
고릴라 20
고무 보트 107
고슴도치 13
고양이-1 10
고양이-2 10
곡물 115
곡물 자루 121
곡예사(저글러) 58

곤돌라 107
골프 선수 54
곰 17
공룡(벨로시랩터) 43
공룡(브론토사우루스) 45
공룡(스테고사우루스) 45
공룡(트리케라톱스) 44
공룡(티라노사우루스 렉스) 43
공룡(프테라노돈) 44
공작 35
공주 63
관광 버스 92
광대 58
괴짜 과학자 59
교통 표지판 125
구급차 95
굴착기(포클레인) 102
권투 선수 54
그리프 72
기관차-1 93
기관차-2 93
기니피그 11
기린 25
기사 62
기와공 51
까마귀 33
꽃 117
꽃의 요정-1 79
꽃의 요정-2 79

ㄴ

나무늘보 21
나비 30
나쁜 요정 80
낙타 25
날개 달린 원숭이 76
남자 바이킹 61
남자 아이 53
남자 인디언 60
너구리 14

농부 아저씨 46
농부 아주머니 46
농장 120
눈의 여왕 80
늑대 17
늑대 인간 68

ㄷ

다람쥐 14
달팽이 29
당나귀 6
덤프 트럭 100
대왕문어 73
도둑 57
도로 롤러 103
도마뱀 28
도색공 51
돼지 8
두더지 13
드라큘라 67
들소 24
딱따구리 36
딸기 114

ㄹ

라마 22
레미콘 99, 125
레이싱 카 89
로봇-1 65
로봇-2 65
로봇-3 65
로켓 110

ㅁ

마녀 81
마멋 13
마법사 81
마술사 81
말 6
머리 없는 유령 66
메뚜기 31

126

모래 장수 83
목수 50
무당벌레 32
무지개 뱀 72
문어 41
물개 42
물고기 40
물의 요정 77
미라 68
미어캣 20

ㅂ
바다뱀 73
바다의 신 77
바닷가재(랍스터) 41
바퀴 달린 증기선 107
박쥐 12
백조 35
뱀 27
뱀파이어 67
버섯 118
벌 32
벌새 39
범선 106
범퍼카 91
벽돌공 51
병아리 34
복엽 비행기 108
부엉이 33
북극곰 24
불가사리 40
불도저 102
비둘기 33
비버 15
비행선 110

ㅅ
사과 112
사과(과일 상자) 112
사다리차 95
사료통, 소 122

사막여우 19
사슴 16
사슴벌레 32
사자 18
사파리 지프 90
산양 16
산의 요정 85
산지기 46
상어 40
생쥐 12
서양배 114
서커스 단장 58
소 7
소방차 94
소형 굴착기 102
소형 트럭 97
수달 14
수레 123
수송 헬리콥터 109
수의사 47
수탉 34
수확용 차량 105
술탄(터키 황제) 62
숲의 요정 79
슈퍼히어로 59
스카이다이버 56
스케이트 선수 55
스쿠터 90
스키 선수 55
스포츠 비행기 108
스핑크스 71
심해 잠수부 56
썰매 타는 사람 55
쓰레기 운반차 96

ㅇ
아르마딜로 22
악마 78
악어 27
알락꼬리여우원숭이 21
암탉 34

애벌레 29
앵무새-1 38
앵무새-2 38
야자수 119
양 8
양배추 116
양치기 47
얼룩말 25
엘크 16
여객기 108
여우 17
여자 바이킹 61
여자 아이 53
여자 인디언 60
역마차 92
연극 배우 53
열기구 109
열대어 40
열차 93
염소 7
예티 70
오랑우탄 21
오리 35
오리너구리 23
오소리 15
오우거 84
오이 116
오픈카 88
온실 122
올드카 89
왕 63
왕자 63
외계인-1 64
외계인-2 64
외계인-3 64
외눈박이 거인 69
요정 82
요정 공주 82
요정-1 85
요정-2 86

127

요정-3 86
요정-4 86
요정-5 87
요정-6 87
요정-7 87
요정-8 87
요정의 여왕 83
요정의 왕 83
용-1 74
용-2 74
우유통 121
우주 비행사 56
우주 왕복선 111
운송 트럭 98
원숭이 20
유니콘 75
유령 66
유조차 96
의사 52
이동식 화장실 123
인공위성 111
인어 77

ㅈ
자동차 88
자작나무 118
잠수부 55
잠수함 106
잠자리 30
장화 신은 고양이 76
전갈 29
정크선 106
제비 36
족제비 15
좀비 67
주탑 124
쥐 12
지게차 97
지니(램프의 요정) 76

ㅊ
차단목 124
천사 78
체리 113
체리(바구니) 113
축구 선수 54
측량사 50
침엽수 118

ㅋ
카멜레온 27
카우보이 60
캠핑카 90
캥거루 23
켄타우루스 70
코끼리 26
코뿔소 26
코알라 23
콤바인 104
큐피드(사랑의 신) 78
크레인 트럭 101
큰부리새 38
킹콩 69

ㅌ
타워 크레인 124
타잔 59
타조 37
탐정 53
탐험가 52
택시 88
탱크 트레일러 105
테니스 선수 54
토끼 11
튤립 117
트랙터 104
트램 92
트럭-1 98
트럭-2 98

트레일러 99
트롤 괴물 85

ㅍ
파인애플 115
판 70
판다 24
페가수스 71
펠리컨 39
펭귄 39
폐기물 트럭 99
포도 114
표범 19
프랑켄슈타인 괴물 68
프론트 티퍼 100
피닉스 72

ㅎ
하마 26
학 37
해골 66
해마 42
해바라기 117
해적 62
해파리 41
햄스터 11
행운의 용 75
허수아비 121
헛간 120
헬리콥터 109
호랑이 18
호박 116
홍학(플라밍고) 37
화가 52
활엽수 119
황새 36
황소 7
휠 로더 101
흑표범 18
흙을 다지는 기계 103